东亚金融机构风险处置法律评论 | 第3辑

プレパッケージ型
事業再生

预重整型事业再生

日本事业再生研究机构 编
陈景善 张婷 主编

法律出版社
LAW PRESS·CHINA
北京

著作权合同登记号
图字：01-2021-7158

主编简介

陈景善

日本早稻田大学法学院法学博士，中国政法大学民商经济法学院教授、博士研究生导师，《政法论坛》副主编。兼任北京市债法学会副会长兼秘书长、北京市网络法学会副会长、北京市破产法学会常务理事、东亚破产再建学会理事、中国法学会保险法学研究会常务理事、中国法学会银行法学研究会理事、北京市比较法学会理事。代表性专著及译著：《资本制度的现代化与理念冲突研究》、《中国公司法》（中译日，国家社科基金资助）、《公司法改革——公开股份公司法的构想》（日译中，中国证监会境外资本市场重要法律文献译丛）、《东亚金融机构风险处置法律评论》等。研究方向：公司法、破产法、证券法、保险法、金融法，侧重于东亚比较法研究，精通日语、韩语。

张　婷

中国人民大学法学院法学硕士，北京大成律师事务所高级合伙人，中国人民大学法学院法律硕士实务导师，首都经济贸易大学法学院兼职硕士研究生导师。主要执业领域：公司重整、债务重组、破产清算及金融机构风险处置。获得《亚洲法律杂志》（ALB）2017年度“中国最佳女律师”，连续多年入选钱伯斯亚太指南“破产重组领域”推荐律师，破产重组领域颇具影响力的律师之一。

编者前言

我国破产法并未规定预重整程序，但是破产实务中已有预重整的实务经验，其以政府介入的温州模式与法院介入的深圳模式为主，最高人民法院的纪要中也提到过预重整。陈景善教授参与东亚破产法论坛，通过翻译论文，研究了东亚在移植美国预重整制度中的立法论。张婷律师在实务中先于立法适用预重整程序，积累了丰富的实务经验，并于2020年出版《预重整制度理论与实践》一书。预重整制度的借鉴在我国的新一轮破产法修改中势在必行，因此，需要充分探讨国外立法以及适用中出现的问题，建立适合我国模式的预重整制度，使其得到有效运用，达到制度设置的初衷和目的。

鉴于此，编写组选择了日本《预重整型事业再生》一书中的论文进行翻译。该论文集汇集了日本移植预重整制度时曾热议的问题点，分析了欧美国家的立法模式，并从实务运用的角度探讨了日本式预重整制度的特色和预重整制度得不到有效运用的问题，剖析了预重整的本质和日本为了提高预重整制度实施的效率在申请破产程序前采取的由重整投资人背书、提升企业价值等措施。

本书的翻译，在法律用语上基本保留了日本法的原单词。典型的如“再生”与“更生”，两个术语均相当于我国的“重整”制度，但二者区别在于，民事再生程序移植的是债务人自行管理的模式，适用于中小型公司，程序便捷；公司更生程序移植的是第三方管理人管理的模式，原则上适用于股份公司。因此，本书最后附上术语表供读者参考。本书分析了英国与美国的预重整制度。英国因为浮动担保制度的存在,预重整运用不多。从本书作者名单上看,日本实务界探讨预重整立法模式时充分征求了银行债权人、职业重整经理人、律师、重整基金公司等实务界人士的建议。各界人士点明了日本移植美国的预重整制度时面临的困境;明确指出预重整是债务人与债权人之间的协商,重整投资人只起到企业价值保全、提升企业价值的作用;大量探讨了重整投资人更替时,若申请破产程序之前已有的原重整投资人未能中标,如何得到损害赔偿的问题。届时支付的赔偿费用,本书翻译为“分手费”。

本书论文的选择、翻译、审校由张婷律师与陈景善教授合作完成。本书是“东亚金融机构风险处置法律评论”系列丛书之一。期待本书对中国预重整制度构建做出微薄贡献,感谢郑志斌律师、日本阿部信一郎律师的支持,以及参与翻译工作的各位同仁。

编委会

2021 年 1 月

中文版序　谨防预重整模式的司法化倾向

当前，预重整制度作为一种新兴的困境企业挽救模式，在我国司法理论界和实务界的讨论方兴未艾。各地法院及地方政府相继出台与预重整制度相关的指导文件，对预重整制度进行探索和规范，较典型的有深圳、北京、南京、苏州、温州等地。

作为衔接庭外重组与司法重整法律程序的一种模式，预重整制度开始受到重视，也反映出庭外重组与司法重整在困境企业的重组中单独运用时，仍存在不足。预重整制度作为一种同时具备“当事人意思自治”与“司法强制力”的制度规范，及时补充了庭外重组与司法重整的中间地带。然而，从各地的预重整实践来看，预重整制度在执行层面似乎演变成了司法重整程序的前移，有司法越界之嫌。预重整阶段并非正式的司法程序，此时对利害相关方的司法干预务必谨慎，以免影响当事人意思自治的商业本质。

预重整制度与重整制度在执行层面的边界错位，存在偏离预重整制度原本功能设置的倾向，因此，我们有必要追溯预重整制度设立的初衷，正本清源。预重整制度的宗旨是推动庭外重组的有效运行，加强庭外重组与破产法机制的结合，是一种在破产法背景下的重组制度安排。以当事人意思自治为原则，借由事后司法的有限衔接，提高重组成功率，才是预重整制度的本质。预重整中司法的作用应当是作为庭外重组协商的事后衔接而非事先干预，即只有当预重整方案由于“钉子户”而难以达成或预重整方案在转入重整计划表决程序中出现阻碍的时候,才考虑司法的强制力和约束力,且该等司法效力应该在正式进入重整程序后才实际发生。因此,我国预重整实践中司法干预前移的现象值得警惕和关注。

既然预重整制度的司法干预有限,那么相较于更高效的司法重整而言,预重整制度何以受到法院的青睐呢?其主要原因在于,预重整制度在法院视角中所发挥的功利作用。第一,整体提高重整案件成功率。由于司法重整具有不可回溯性,一旦重整计划未能达成或未获通过,重整程序就将以失败告终,转入破产清算。特别是针对一些集团型企业,重整失败对经济、社会的冲击无疑是巨大的。如果将预重整方案协商、征求债权人意见或表决等步骤置于重整程序之前,并经过法院必要的审查才决定是否进行重整,无疑将大大提高重整案件的成功率,极大缓解法院的办案压力。第二,提升"全球营商环境"评价的需要。在世界银行发布的《2020 年全球营商环境报告》(Doing Business 2020)中,中国营商环境位居第 31 名,较上年名次提升 15 名。但是,在营商环境评估的 10 个一级指标中,"办理破产"指标仅得分 62.1 分,其中"办理破产"指标下的二级指标"回收率"得分仅为 39.8 分,而另一个二级指标"破产框架力度指数"得分则为 84.4 分。上述得分情况充分反映,我国在破产案件"回收率"方面仍存在薄弱环节。根据世界银行的定义,"回收率"指标主要包含实现债权的时间、实现债权的成本和结果(零散出售或存续经营)、债权人回收率 4 个标准,如果能探索出提升"回收率"得分的路径,将有利于提升"办理破产"指标的得分和世界排名,进而巩固我国改革开放的历史成果。《2020 年全球营商环境报告》指出,中国从编制债权人名单、制定重整计划再到表决通过,需要 8 个月时间,若通过预重整制度事先就重整计划达成初步一致的意思表示,将大大缩短正式进入重整程序后的重整期间,重整成本开支将大幅减少,有助于提升破产"回收率"。[①]

---

① 参见张旭东、韩长印:《中国大陆营商环境破产"回收率"指标的提升路径问题》,载《月旦财经法杂志》2020 年第 45 期。

正是由于预重整制度在提高法院办理重整案件成功率和提升地方营商环境排名方面均具有一定的作用，因此得到一些地方政府和法院的青睐。目前，我国地方政府和法院对于预重整制度的认识程度，有些还停留在规避程序内的破产清算风险、避免司法救济伴生的责任等功能层面，没有从预重整制度的本质和初衷去理解和发挥预重整的作用。因此，也客观上造成了公权力为促成重整方案的达成，通过预重整制度提前介入当事人协商谈判的现象。需要指出的是，对于这种公权力提前介入带来的风险，利益相关方并无有效的司法救济路径。

近年来，体现我国预重整制度作用的较典型的案例为首钢通钢集团重整案。2019 年 12 月 11 日，通化市中级人民法院裁定批准了此前已经由职工组、担保组、普通债权人组和出资人组高票通过的首钢通钢集团 14 家企业重整计划，这意味着首钢通钢集团历时近 3 年的债务优化工作，在重整程序内仅用时 36 天即获表决通过。这宣告了首钢通钢集团生产经营回归正轨，近 250 亿元金融债务得以化解，近万名企业职工以及数千家上下游供应商和客户的合法权益得到保障。在首钢通钢集团重整案中，有关方面充分运用了预重整模式，自 2019 年 3 月初起，全面开展审计、评估、方案制定以及债权人沟通谈判工作。在正式启动司法程序前，不断优化重整方案，与各利益相关方就司法重整的目标、路径、工作节奏、稳定预案以及重组方案均基本达成共识。自 2019 年年初决策工作方向到 2019 年 11 月，预重整历时 8 个月，其间法院没有实质性干预重整，而是做了大量有关后续重整衔接的工作。自法院裁定受理重整到重整计划表决，重整期间仅为 36 天。首钢通钢集团重整案由于有效化解了企业历史陈欠债务，实现了良好的社会经济效果，因此作为唯一具名的重整案例，列入 2020 年第十三届全国人民代表大会第三次会议上的《最高人民法院工作报告》，获得“顺利实现‘债转股’，化解巨额债务危机，保障了广大小额债权人和企业职工利益”的高度评价。

当下，经济形势下行压力增大，困境企业长期积累的问题正在加速呈现。

面对这种现状,更需要我们通过制度创新来增加困难企业纾困的法律供给,以满足国家经济在危机环境中转型的需求,顺利实施供给侧结构性改革。在新模式创设中,我们应当关注法律规则与商业逻辑的内在一致性,关注国家公权力和当事人意思自治的边际和衔接,建立包括庭外重组、司法重整和预重整制度在内的多层次债务重组体系,为中国营商环境的真正提升和经济高质量发展创造更优良的法治环境。

郑志斌*

2022年8月

* 北京市破产法学会副会长、北京大成律师事务所高级合伙人。

原著序

经大家努力,《预重整型事业再生》终于问世。在制度层面,预重整的实现需完善民事再生程序、公司更生程序、庭外重组规则。日本为确保实施庭外重组制定了《产业活力再生特别措施法》(産業活力再生特別措置法,日本庭外重组的依据)。在实务层面,为推动事业再生融资逐步得到落实,需要配套改革相应的制度,完善基础设施,探讨制度运用指引,研究金融机构、供应商以及债权人等利害关系人协商机制,并且广泛宣传普及。本书收集了事业再生研究机构主办的本次研讨会的成果,正面分析了日本移植预重整制度所面临的问题以及日本经济振兴与事业再生制度构建的应有状态。

企业活动由人力(经营组织)、物力(企业资产)、资金、企业信用(金融机构与供应商等)四要素构成,在事业再生中需防止这四要素的劣化,研究如何提升企业价值。公司更生程序的申请到进入更生程序裁定作出的保全期间决定着公司更生的成败,因为无论是破产状态还是危机状态,只要困境状态持续,公司就将面临人去楼空、财源枯竭、信誉降低的问题。而法定重整程序(民事再生或公司更生)需要一定的时间。新修订的《日本公司更生法》(改正会社更生法)规定,法院规定的更生计划草案提出期间为自作出进入更生程序裁定之日起1年以内。修订之前,实务中经常出现自作出进入更生程序的裁定之日起1年半或2年后提交更生计划草案的情形,法律的修订一改这种状态。当然,1年是上限,实务中也可迅速应对以缩短时间。如果接近1年还未提交更生计划草案,公司更生程序的事业再生功能将大幅弱化。

法定程序需要花费时间的最重要的原因是解决和审理纠纷需要大量的时间。根据《日本公司更生法》第 184 条第 4 项的规定,具有特别情形时,可延期提出计划草案。特别情形一般是指更生债权或更生担保权的核查以及确定需要时间的情形、行使撤销权的情形。在司法程序中,针对更生债权的存在与否、具体金额、更生担保权标的物或金额、可否行使撤销权等,法院为作出公正的判断,不得不花费时间。修订的《日本公司更生法》为了迅速推动程序,导入了以决定担保标的物价格的程序替代更生担保权额确定诉讼的新制度,但是不可否定的是,这个新制度也有一定的局限性。

在早期,为迅速推动事业再生,需要减少纠纷。以再生为前提变更利害关系人的权利内容时,应提前达成一致协议,同时需要减少撤销权的行使。这也是预重整程序受瞩目,并在美国广泛得到运用的原因。而日本与美国法定程序、事业再生融资的成熟度等均有所不同,无法直接移植美国模式。但是,考虑事业再生融资的难度,必须借鉴美国的实务经验逐步解决日本所面临的难题,预重整程序在日本的早期事业再生中才可发挥其应有的功能。本书中,律师、政府机构的有关人员、金融机构有关人员、实体经营者等围绕重整投资人的约束力问题,从不同角度发言并交换了意见。事业再生的主导权不应完全依赖司法程序以及法律界,而应聚集各方面专家之睿智,完善其运用方式。本书适合破产实务界阅读。

伊藤真*

2004 年 2 月

---

* 东京大学法学部教授,事业再生研究机构代表董事。

前　言

事业再生(重整)程序变迁历程

——以"预重整式事业再生面临的当下课题"为中心*

一、绪论

2003年11月29日,日本事业再生研究机构以"预重整式事业再生面临的当下课题"为主题,在东京台场时装大厦召开了研讨会。事业再生研究机构围绕专题设置了专业委员会,每家专业委员会积极、热烈地讨论各自的研究领域。本次研讨会由预重整专业委员会和融资专业委员会共同召开,与大家分享了研究成果。在本次研讨会上,发言人、评议人均聚焦研讨会的主题,通过海外调研报告、讨论的成果进行了高水平的发言,能够感受到大家的准备是非常充分的。

二、预重整型事业再生

研讨会上,日本事业再生研究机构的代表董事兼东京大学教授伊藤真致辞,围绕预重整以及重整融资展开讨论。这两个题目均为重整程序中最核心的问题。从研讨会讨论的内容中,可见日本的实务界早已关注了预重整。将预重整界定为:"进入法定重整程序之前,为了最小限度缩小企业价值的贬损,在正式申请法定程序之前(事前)已定好重整投资人,再进入法定程序。"众所周知,

* 中国政法大学教授陈景善翻译。

预重整术语来自美国预重整程序的第11章。但是,日本的预重整与美国的预重整并不完全相同。日本、美国的预重整完全相同之处在于:迅速推动程序将企业价值的贬损最小化。不同之处在于:(1)对债权人事前公开信息的程度;(2)事前协商内容的范畴;(3)基于(1)和(2),债务人与债权人对事前达成一致的内容,可预测申请法定程序之后是否可维持。在制度设计上,(1)和(2)的内容越明确,申请法定程序之后(3)的可预测性越高,也就是申请程序之后事前约定的内容持续具有约束力。但是,在日本,申请法定程序之前,若债务人企业面临破产的信息扩散,很可能造成混乱以及企业价值的急速贬损。因此,(1)和(2)的信息披露和约定内容具有局限性。这就是日本型预重整程序首先需要考虑的前提。因而,需制定基准,根据基准协商进入法定程序之后易于认可事前协商的内容。进而债务人公司可实现灵活的事业再生,能够成功招募事业再生所需的资本以及人才。事业再生研究机构预重整专业委员会基于以上问题意识,持续研究并积累,在本次研讨会上由须藤英章律师以"预重整模式事业再生的当下课题(文中也称须藤建议)"为题发言,展示了研究成果。

三、须藤建议

事前决定重整投资人,进入法定重整程序后其性质属于双务未履行的合同。面临选择履行事前的约定还是解除合同的问题,但是无法将其作为进入法定重整程序之前的债务人与重整投资人的约定来约束双方。对此,须藤从反向设定问题,展开了讨论。其观点是:"在法定重整程序中即使出现提示更有利条件的重整投资人,未选择解除与原有投资人的合同,不存在违反义务的问题"。那么,在事业再生程序中选定重整投资人的衡平、公正的构成要素是什么呢?须藤聚焦的是从衡平、公正的概念本质出发,基于具体情况讨论各种条件以及要素。因而,制定统一的基准的尝试可以说是一个庞大的工程。虽然,在本次研讨会上围绕须藤建议,包括评议人在内大家进行了热烈的讨论,但在制定统一基准问题上未达成一致意见。其实,对于制定统一基准的难度大家都有共识,但依然没有放弃制定日本基准的预重整程序的梦想。20 世纪 60 年代,在纠纷解决机制等社会治理基础设施未完善的状态下,急速推动社会发展的现代化,典型的例子是交通事故频发,法院诉讼增加,损害赔偿、过失比例的承担等趋向类型化,大家对法院判决具有了一定的预测性,引领裁判规则的是时任东京地方法院交通审判庭的审判长苍田卓次法官。2000 年日本实施了《民事再生法》,社会上比喻“民事再生(在日本中小企业和个人适用的重整程序) = 机器压的荞麦面,公司更生(在日本股份公司适用的重整程序) = 手擀荞麦面”,民事再生程序简洁化、实施程序期间标准化,程序可预测性强,推动民事再生程序标准化的是时任东京地方法院破产重整法庭的审判长圆尾隆司法官。随着标准化的实施,大家对程序以及审理过程具有一定的可预测性,随着普通百姓以及非专家因可预测开始使用法定重整程序,案件大量增加。囤积的大量案件涌入法院,法院受理后逐步形成了裁判规则,成为了行业标准。社会上开始认识到同案同判的解决机制,我们可以说是见证了裁判规则的形成。如此,“程序的标准化”赋予了预测可能性,大家积极利用破产程序,法院审理大量的案子,一系列的连锁效应也是日本重整程序所期待的。可见,当时事业再生程序是日本亟待解决的课题。当然,部分专家掌握专门技巧以及专业度需要解决高难度的案例。但是,基于标准化,人人皆预测可能的普遍能适用的程序也是非常必要的。标准化程序给人们带来安全感,若日本式标准化预重整程序形成,日本的事业再生案子应该会大量增加。必须尽早达成共识才能形成统一的标准,程序之间才可相容衔接。当然,制度不能被神化。在维持制度基本框架、规则的前提下,必须同步考虑不断完善制度。须藤建议抛出了砖,尝试基于一般条款制定一定标准,其工作量庞大。涉及金额巨大,本身就是热议的问题,心里上应对制定统一标准的难度做好准备。在实务中不断排除困境,积累经验形成一定标准是至关重要的。从这个意义上而言,大家在讨论中提到若制定过于严苛的标准,灵活的预重整程序运用会受到阻碍,这也是实务界所担忧的。实务中已经有形成行业标准的胎动,因而本次研讨会中的须藤建议在日本的事业再生史上具有划时代的意义,取开会地点之名可称之为“台场模式”,期待在今后日本的事业再生实务中的其展望与发展。

四、事业再生融资(重整融资)

本次研讨会的另一个主题是事业再生融资。事业再生研究机构融资专业委员会进行了海外调研,完成了研究报告。介绍了美国、英国的最新制度,受到与会者的关注。报告中提到英美两国破产程序、重整制度设计,其中的利害关系,以法律关系为前提的运用状态。大家非常感兴趣的是英国的重整程序。从英美的紧密联系上看,在再生程序中英国应受美国的影响,但是在英国传统上金融债权人貌似占有优越的地位。《英国1986年破产法》与美国型重整程序全然不同。根据调研报告,英国并不是完全无味地排除美国要素,反而积极地提供信息,有效利用美国重整程序第11章,由此达到美国投资人积极参与英国的事业再生程序中。事业再生需要融资是普天下万通的规则,对日本而言也是当然的。如何将优质的资金招募到日本的事业再生中,债务人、融资方、世界各国专家需要进一步的了解,积累实务经验、相互协商是关键。

五、结论

事业再生是人类的卓越的实践成就。其技巧以美国为中心,向各国分流而入,给日本的事业再生实务也带来了巨变。日本的实务界不可忽视或轻视美国经验,而应学习美国经验,要加以有效利用。期待今后事业再生研究机构、其所属预重整专业委员会以及融资专业委员会基于事业再生实务的变革多进行实务研究,及时交流实务研究动态。本次研讨会在2001年《日本民事再生法》实施一周年之际召开,分享的主要是两家专业委员会的研究成果,可以说是事业再生研究机构的研究活动扎根于日本大地,结出的果实。

作为主持人,谨向两家专业委员会的各位发言人、评议人以及为运营事业再生研究机构付出辛劳的伊藤真教授表示诚挚的敬意与谢意。

坂井秀行*

2004 年 2 月

---

* 律师,事业再生研究机构董事。

目 录

第一编　基调论文

本编收录了事业再生研究机构召开的以“预重整模式事业再生的当下课题”为主题的研讨会上的“基调论文”。

美国与英国破产程序的主要特点及差异

——以再建(重整)型企业破产程序为中心

[日]中岛弘雅* 著 崔延花** 译

一、本文目的

2003年11月29日,日本事业再生研究机构举办了以“预重整模式事业再生的当下课题”为主题的研讨会。在研讨会上,笔者基于美、英实地调研报告,借鉴美、英经验,就美、英如何通过预重整使企业再生,企业再生所需融资如何运转等一系列内容进行了汇报。同时,与会者围绕日本应选择的预重整模式进行了激烈的讨论。美、英两国破产企业的事业再生与其破产法制具有密切联系,但两国破产法制迥然不同,并不能笼统地概括称为“英美破产法”。因此,本次研讨会拟区分两国破产程序,尤其关注再建型破产程序的主要特点和差异。以下详细比较分析其在两国的制度和实务运用情况。

---

* 东京都立大学法学部教授。

** 中国政法大学外国语学院副教授。

二、美国再建型企业破产程序

（一）1978年《美国联邦破产法》第11章“重整程序”（Reorganization）的沿革

1.1938年《美国联邦破产法》规定的两个再建型企业破产程序

现行《美国联邦破产法》（Bankruptcy Reform Act of 1978, Pub. L. No. 95 – 598, 92 Stat. 2549）于1978年颁布，之后几经修改。1978年《美国联邦破产法》在第11章规定了破产重整程序。该程序统一整合了1938年《美国联邦破产法》[Bankruptcy Act of 1938, ch575, 52 Stat. 840，也称《钱德勒法》（Chandler Act）]规定的两种再建型企业破产程序，即第10章“公司重整程序”（Corporate Reorganization）和第11章“重整程序”（Arrangement）。其中，第10章“公司重整程序”成为日本“公司更生〔1〕程序”的模板。该程序是一种适用于大型企业的复杂程序。在该程序中，公司的经营者原则上将债务人公司的财产管理处分权和经营权转移给管理人（trustee），且担保权人也参与到该程序中。1938年《钱德勒法》尚未规定第10章“公司重整程序”①时，美国的再建型企业破产程序[具体而言是指“equity receivership”和1898年《美国联邦破产法》第77条(b)款规定的“corporate reorganization”等]未能防止公司经营者和投资银行在破产处理程序中出现的不公正问题，导致公众投资者的利益受到侵害。经制度反思，美国制定了第10章“公司重整程序”，其主要目的在于保护公众投资者的利益，追究经营者的责任。因此，依据第10章的程序，管理人可以起草重整计划草案并管理处分财产，推动公司重整，同时由美国证券交易委员会（Securities and Exchange Commission, SEC）以及法院对全部程序进行综合监督，该程序体现为“国家公权力机构主导型”的结构。②

---

〔1〕 “更生”为日本股份公司重整程序，因日本重整程序还有适合中小企业重整的民事再生程序，在日本两个程序有所区分，故本文用原语。——译者注

与此相反,1938 年《美国联邦破产法》第 11 章"重整程序"却由债务人企业的经营者和债权人团体在企业财产管理和起草重整计划的过程中掌握主动权(法院只是辅助性参与),是"利害关系人主导型"的程序,适用对象主要是个人经营的企业和小型企业。而且该程序是调整债务人与无担保债权人之间债务的程序,在重整计划草案中并不包括担保权人权利内容的变更。[③]第 11 章的重整程序源于英国法。1874 年《美国联邦破产法》首次规定了"和解"(composition),以约束少数反对者为目的,即在经济上破产的债务人与债权人之间就债务整理(免除债务或延缓支付)达成协议,可经法院批准强制执行。因此,根据第 11 章重整程序的规定,债务人与债权人之间在申请债务重整程序之前就债务整理进行任意协商,法院则通过批准计划草案的方式参与到程序中。[④]

2. 1938 年《美国联邦破产法》第 11 章"重整程序"的功能与企业破产程序的统合

如前所述,尽管两种程序在程序结构上存在很大差异,但法条并未明文规定区分两种程序适用的对象。20 世纪 50 年代,出现了大型企业并不适用第 10 章大型企业重整程序,反而更偏向适用第 11 章的小型企业重整程序。第 11 章程序简便、迅速,且采取债务人自行管理模式,债务人可在维持自身对财产的管理、处分权的同时再建企业。[⑤]随着适用第 11 章重整程序的企业逐步增加,其功能在应然层面有所变化。根据第 11 章规定申请重整程序,应同时提交重整计划草案,但是 1958 年修改破产法之后,只要在申请重整程序之后提交重整计划即可。债务人与债权人在庭外协商重组债务,转为在法定破产程序中债务人与债权人之间的协商,受法律保护。[⑥]如前所述,原来该程序并没有规定在重整计划中可变更担保债权人权利。但为了有效再建债务人企业,1974 年至 1975 年修改了破产程序,设置了如下规定:一旦申请启动程序,就自动停止,包括行使担保债权在内的债权人的个别回收行为。所以,债务人不必担心担保权的行使会使债务人企业失去持续经营的基石,债务人与债权人协商模式可以使其专注于制订重整计划草案。[7]之后,1978 年《美国联邦破产法》整合了 1938 年《钱德勒法》规定的两种再建型企业破产程序,以企业再建为宗旨,制定了现行第 11 章"重整程序"。1978 年《美国联邦破产法》不仅在程序方面追求灵活性、便于债务人适用,而且在重整计划草案内容方面,由债务人与债权人协商判断其内容的适当性,法院及其他参与程序的机构发挥的作用并不在于审查重整计划草案内容,而是在于制定出使债务人与债权人能够进行协商的框架。[8]以下详细介绍第 11 章程序的主要特征。[9]

(二)1978 年《美国联邦破产法》第 11 章"重整程序"的特征

1. 适用对象与申请程序

第 11 章"重整程序"(以下简称第 11 章程序)的适用对象为在美国国内居住,有住所地、营业场所或者在美国境内有财产的主体(person)[10][《美国联邦破产法》第 109 条(a)款]。债务人本人当然可以提出申请,债务人之外的人也可以提出申请。因未规定程序开始的要件,只要债务人向法院提交重整程序申请书,就可以进入程序(《美国联邦破产法》第 301 条)。而在债权人提出申请时,为了防止第 11 章程序的滥用,规定了适用要件,即法院发出救济令(order for relief)时才启动程序[《美国联邦破产法》第 303 条(a)款、(b)款]。[11]这种救济令相当于日本法院作出的开始进入程序的裁定。

第 11 章程序的申请一经提出,包括担保债权人在内的所有债权人的个别债权将被"自动停止"(automatic stay)[《美国联邦破产法》第 362 条(a)款]。该制度虽然于 1974 年至 1975 年的破产程序规则修改时引入,但 1978 年《美国联邦破产法》修改使其正式确立为一项法律制度。自动停止制度是美国法的独有制度,在其母法国英国也见不到。[12]

2. 程序相关人——债务人自行管理模式与债权人委员会

(1)债务人自行管理模式

依据第 11 章程序,企业的经营者原则上担负着再建企业的任务,这就是所谓的“债务人自行管理”(Debtor in Possession,DIP)模式(《美国联邦破产法》第1107条)。选任第三方管理人,仅限于债务人的现行经营执行体制存在欺诈性、不诚实、缺乏能力或者明显不当等事由的情形[《美国联邦破产法》第1104条(a)款(1)]。1978年《美国联邦破产法》增设DIP制度的主要理由如下:①在多数情形下,企业经营失败并不是由于经营者的不诚信或者能力欠缺所导致,更多是由于经济萧条等外在因素所导致的;②与其从原经营者手中剥夺业务执行权交给不熟悉该业务的管理人,不如直接交给精通业务的原公司经营者,这不仅能够提高企业重整的成功率,而且能降低管理费用;③选任管理人接管债务人公司的模式,会使债务人对申请重整程序犹豫不决,其结果对债权人及债务人双方都将造成损失。[13]对公司的原经营者在经营管理中是否存在欺诈、不诚信、欠缺能力、不适当等情形进行调查时,会根据利害关系人或联邦财产管理人(united states trustee)[14]的申请,由法院选任调查委员(examiner)进行调查[《美国联邦破产法》第1104条(c)款]。《美国联邦破产法》第11章程序与日本的民事再生程序不同(参见《日本民事再生法》第135条),在DIP制度中申请第11章程序前可以撤销自身的偏颇行为与欺诈行为(《美国联邦破产法》第547条、第548条)。但由此会产生如下疑问,即美国的撤销权制度是不是无法发挥其功能。在实务中,通过联邦财产管理人与债权人委员会适当行使监督权,避免偏颇行为以及欺诈的发生。[15]

(2)债权人委员会

《美国联邦破产法》第11章程序的救济令一旦发出,作为破产程序管理监督机构的联邦财产管理人,必须尽快从无担保债权人中选出债权人委员会(Creditors' Committee)的委员[《美国联邦破产法》第1102条(a)款(1)]。与日本的民事再生程序不同(参见《日本民事再生法》第118条),在《美国联邦破产法》第11章程序中,债权人委员会是必设机构。其理由如下:债权人与债务人企业的重整是否顺利有直接利害关系,无担保债权人一般数量众多,但是每个债权人的债权数额并不多,因此一般不具备与债务人就方案进行个别协商的能力。就效率性角度而言,债务人以及无担保债权人不得个别协商。为此,1978年《美国联邦破产法》设置了债权人委员会,从无担保的债权人中选出委员。[16]然而实际上,除非大规模的企业重整案,在其他案件中,债权人并不会积极成为债权人委员会的委员参与重整程序,[17]很多情况下债权人委员会委托律师、注册会计师、金融专家顾问参与程序。[18]

(3)重整计划草案

在DIP程序开始之日起120日之内,债务人具有提交重整计划草案的独有权限。在选任管理人的模式下,如果债务人在120日之内未提出方案,或DIP模式下债务人虽然自行提出了方案,但程序开始之日起180日以内并未被采纳,债务人就失去提出方案的独有权,可由管理人、债权人委员会等提出方案(《美国联邦破产法》第1121条)。[19]重整计划草案与法院批准的信息披露书(disclosure statement)应同时送达债权人、股东,并由债权人、股东投票表决。为防止特定种类的债权人或股东受到损害,在草案中,必须分组[《美国联邦破产法》第1123条(a)款]。以邮寄形式投票(书面投票),无须召开债权人会议作出决议。若在各组均获2/3以上相关人的同意,则草案通过[《美国联邦破产法》第1126条(b)款、(c)款]。但是,在得不到全部债权人组的同意时,只要满足以下要件,法院可按强裁(cram down)程序批准草案:①至少有一个债权人组在债权额被减少之后通过草案;②重整计划草案并未对反对组采取不公平的差别待遇,而是公正、平等地对待[《美国联邦破产法》第1129条(b)款(1)]。《日本公司更生法》第200条也有相应规定。但是,在美国实务上通过强裁批准草案的情形并不多见,通常是为了得到反对组的同意而修改草案。[20]

(4)担保权人的待遇——对担保权人的"适当保护"

如前所述,根据1978年《美国联邦破产法》的规定,破产程序一旦启动,包括担保权人在内的全部债权人均被禁止个别行使权利(自动停止)。担保权人也应受第 11 章程序的约束,必须参与程序按照重整计划草案受偿。

无担保债权人暂且不论,就担保权人而言,尽管其在实体法上享有优先权,但实际上是被剥夺了自由选择担保权行使的权利,而且,在担保物由债务人继续使用的情形下,存在担保标的物价值贬损的危险。因此,有必要对担保权人提供保护。所以,第 11 章程序规定,当担保权人因为自动停止而受损害时,应给予"适当保护"(adequate protection)(《美国联邦破产法》第 361 条),旨在保护担保权人。[21]

(5)DIP 融资

为了再建破产企业,需获得更多的信贷资金。在美国,金融机构等积极地对申请第 11 章程序的债务人提供融资,债务人自行管理模式下的融资,被称为 DIP 融资[22]。美国盛行 DIP 融资的原因在于《美国联邦破产法》对破产企业的 DIP 融资进行了列举性规定。

根据第 11 章程序的规定,债务人企业在以下情形下可融资:

①日常经营所需资金,无须经法院批准,可无担保贷款。新贷款为"管理费用债权"(administrative expense)[23],优先于申请第 11 章程序前形成的无担保债权[《美国联邦破产法》第 364 条(a)款]。

②为日常经营之外所需资金贷款时,经法院批准后可无担保贷款。在此情形下,新贷款同样被视作共益债权[《美国联邦破产法》第 364 条(b)款]。

③即便在未能得到上述《美国联邦破产法》第 364 条(a)款及(b)款所规定贷款的情形下(没能得到①和②的贷款的情形),经法院批准,新贷款债权也将优先于管理费用,成为"超级优先债权"(superpriority),能够得到附担保或无担保贷款。但是,该贷款债权劣后于申请第 11 章程序前的担保权[《美国联邦破产法》第 364 条(c)款(1)、(2)]。

④另外,即便在未能得到上述《美国联邦破产法》第 364 条(a)款、(b)款、(c)款所规定贷款的情形下,经法院批准,也可以通过设定优先于(或同顺位)

申请第 11 章程序前的担保债权的担保权，从而得到新贷款。但是，前提是对申请第 11 章程序前的担保权给予适当的保护［《美国联邦破产法》第 364 条（d）款］。

正是基于《美国联邦破产法》的前述规定，DIP 融资在美国才得以积极开展。关于 DIP 融资的实然状态，可参见收录在本书中的河合祐子、出泽贵典、林康司的文章《美国与英国的事业再生金融》。

（三）第 11 章程序的功能与预重整计划

1. 第 11 章程序的功能

《美国联邦破产法》第 11 章程序大致具有上述特征，但在此需要明确的是，在美国破产实务处理过程中，第 11 章程序的主要功能并不仅限于破产企业的重整。换言之，美国第 11 章程序，与其说是以破产企业重整为目的，倒不如说其是一个平台（forum）：具有利害关系的债务人与债权人等，在不受外部影响的情况下，各自为调整自己的利益而协商（bargain）。而且，人们期待此平台中的权利再调整能够高效、迅速和公正地推进，在相互协商过程中产生的争议能够迅速且公正地得到司法解决。该程序的特征还明显地体现在，一旦申请该程序，包括担保权人在内的所有债权人对债务人的催收行为将被叫停（stay），债务人获得与所有债权人协商的机会，并说明债务人财产情况。[24]

如前所述，根据 1938 年《钱德勒法》第 11 章重整程序的规定，最初与重整计划草案有关的利害关系人之间的协商，是在申请重整程序之前的庭外协商。法定重整程序的作用有二：一是在于进入程序后，提交、起草计划方案时获得强制反对的债权人同意；二是可将庭外和解置于法院保护之下。[25]

另外，《钱德勒法》第 10 章公司重整程序采用了由法院选任管理人，管理人主导程序的构造，其目的在于保护债权人以及一般投资人的利益，追究不当经营的经营者责任。《钱德勒法》自颁布实施 40 年以来，滥用重整程序而必须选任管理人的案例并不多。这是因为第 10 章公司重整程序构造过于严格，逐渐很少被适用。而债务人在重整程序中继续自行管理公司,也未必会损害债权人和一般投资者的利益,反而可以节省管理人费用,还能够确保程序的迅速进行,因而将重整程序委托给对该企业经营精通的债务人更为恰当。因此,1978年《美国联邦破产法》在第11章程序中将《钱德勒法》规定的两种再建型破产程序合二为一。其在第11章中规定,申请第11章程序的同时,也规定了禁止债权人行使权利的自动停止制度,并将《钱德勒法》第11章重整程序中规定的庭外重组和解达成一致意见(起草草案)的过程纳入法院保护体系之中。[26]

2. 预重整计划

1978年《美国联邦破产法》第11章程序规定的"预重整计划"(pre-packaged plan)也备受关注。在申请第11章程序之前的阶段,若重整计划草案已获得超过法定多数的赞成票,且劝诱投票是按照证券交易法所规定适当披露的信息进行,则法院事后予以批准,也就是进入程序之后,无须再重新投票,而视为草案直接通过[《美国联邦破产法》第1126条(b)款]。具体内容,详见本书阿部信一郎的《美国与英国的预重整型破产程序》一文。[27]概言之,庭外协商结果被直接纳入第11章法定程序中,第11章程序促进了利益相关人之间的庭外协商。[28]如此看来,除为应对经济危机而制定的《钱德勒法》第10章公司重整程序之外,美国的再建型企业破产程序,可以说是在破产之前,债务人与债权人等利益相关人围绕破产处理进行协商的方式。[29]那么,英国的再建型企业破产程序又具有哪些程序性的特征呢?

三、英国再建型企业破产程序

(一)序言

现行《英国破产法》(Insolvency Act 1986, c. 45),是指1986年《英国破产法》,该法对于财务状况比较健全,但是缺少流动资金而无法偿还债务或明显缺乏清偿能力的公司,采用延缓债权人的强制催收,并由法院选任管理人

(administrator)重整企业的方式。如果无法重整,则转到清算程序以比较有利的价格变价,进入公司管理程序(administration)。另外,该法规定了简易、快速的公司任意重整程序(company voluntary arrangement)这是一种在法院轻微介入下,重整公司业务(arrangement)并免除清偿无力的公司与债权人、股东之间的债务(composition),以避免公司破产的程序。

1986年《英国破产法》实施之前,在英国并不存在真正的企业法人(公司)再建型破产法程序,此再建型破产程序系移植而来。然而,实际上并非所有的程序都得到了运用。其理由之一在于:英国浮动担保权(floating charge)执行程序中的接管(receivership)程序具有企业重整程序的性质。下文首先介绍接管程序,然后再介绍现行破产法规定的两种再建型企业破产程序。[30]

(二)接管

1.浮动担保权执行程序中的接管

浮动担保是英美法系独有的担保方式。公司在不断变动的现有以及将来的资产之上设定担保物权,在出现特定事由时使其固定化,成为通常的固定担保,且可以行使权利。这种浮动担保权的执行程序就是接管。换言之,在英国,企业一般以附担保公司债的方式融资,公司对债券持有人也就是浮动担保权人(多数为金融机构)不履行债务时,浮动担保权人(债券持有人)行使担保权得到债务清偿的方式多种多样。但是,其中最普遍的担保权行使方法是债券持有人(浮动担保权人)向法院提起诉讼,由法院任命管理人(receiver),或是公司根据债券发行条件或者公司债券信托证书(debenture trust dead)的记载事项,自行任命管理人,即接管。然而,管理人原本只拥有管理担保财产、催收租金及利息、分配收益的权限,并没有经营企业的权限。因此,管理人不可以基于自身地位继续经营公司业务而以其收益偿还到期的公司债券,亦不可以将公司业务作为持续经营的企业(going concern)变卖,而以其所得款项偿还到期公司债券。因此,在英国通常采用的做法是,在公司债券发行条件或公司债券信托凭证中同时给予管理人企业高管(manager)的权限,使其能够经营企业。这种管理人被称作"管理人兼高管"(receiver and manager)。

管理人一旦被任命,就得调查研究企业的经营状况,决定是分别出售企业财产,还是将全部或部分业务作为持续经营的企业出售给第三人。届时,大多数管理人往往全力以赴地将公司财产变现,用于清偿优先债权人(主要为税收债权人和劳动债权人)和任命管理人的浮动担保权人,以及支付接管所需费用。大多数接管案件中的企业一般最终会进入破产清算程序。但是,有能力的管理人接手后,陷入经营危机的企业得以重整,或者通过将全部或部分业务作为持续企业出售,而使企业的业务得以维持和持续,职工工作得到保障的案例也屡见不鲜。另外,下面将要介绍的公司管理程序的设置实际上是因为破产法修改研究委员会(A Review Committee on Insolvency Law and Practice,俗称科克委员会)对接管所具备的后一项功能给出高度评价,即使在没有设定浮动担保的场合或浮动担保权人没有任命管理人的场合也要由法院任命管理人(administration)替代接管人,以达到再建企业和企业经营得以维持、持续的目的。[31]最终向政府建议,将此内容移植到1986年《英国破产法》的程序中。[32]

2. 管理接管(administrative receivership)

综上所述,1986年颁布的现行《英国破产法》设置了公司管理程序。但是,英国的接管程序并非就此销声匿迹,而是与公司管理程序并存。换言之,1986年《英国破产法》新引进了管理受托人(administrative receiver)的概念,与英国已有的浮动担保权相关的两种类型的管理人(法院任命的管理人与浮动担保权人任命的管理人)同时存在。破产法将管理受托人的接管行为正式定位为破产程序[《英国破产法》第234条(1)款],并与公司管理程序、公司任意重整程序(相当于日本的法人破产程序)、法院的强制清算程序(winding up by the court)等一同在破产法中规范。但是,管理接管程序与其他破产程序在特征上明显不同。管理接管并不是为全体债权人所进行的集体性债务处理程序,而是依然属于浮动担保权人的救济方式(remedy),为保护浮动担保权人的利益而对担保标的物变价才是管理人的最优先义务。[33]假设对担保标的物变价可以实现更高的价值,作为管理人则没有必要牺牲浮动担保权人的利益,为债务人企业及其他债权人的利益而持续经营企业,从而拖延担保标的物的变价时期。[34]因此,也有学者批评管理接管程序对浮动担保权人的偏重,使它远离了典型破产程序中的强制清算程序,并严重损坏了其所具有的集体性债务处理程序的功能。[35]但是,根据 1994 年破产实务家协会(Society of Practitioners of Insolvency)的调查结果,接管案件中,存在 47% 的债务人企业被救济(rescue),另外 40% 的职工工作得到了保障的情况。[36]可以说,接管现在仍发挥着企业再建(救济)程序的功能。[37]

(三)1986 年《英国破产法》中的两种再建型企业破产程序

1. 公司管理程序

(1)基本结构

如上所述,公司管理程序是在科克委员会高度评价接管受托制度优势(管理人在重整陷入财务危机的企业或出售持续性企业,确保职工工作等方面做出了贡献)的背景之下,基于其建议导入 1986 年《英国破产法》中。换言之,公司管理程序以陷入财务危机的企业为对象,由法院任命管理人(administrator)来替代受托人,并在其主导下重整企业或维持企业经营。

但是,公司管理程序具有双重性质,既可以促进企业以及企业经营的存续,在不可能存续的情形下,也可以优于清算程序变价。[38]此外,因公司管理程序中的管理人并没有向债权人分配企业财产的权利,[39]只能通过公司任意重整程序以及 1985 年《英国公司法》(Companies Act 1985, c. 6)第 425 条的债务重整计划草案(scheme of arrangement)[40]进行分配,或者最终进入清算程序分配。在此种意义上,英国的公司管理程序与《美国联邦破产法》第 11 章程序不同,在程序结构上无法靠公司自身再建或根据情况清算。[41]鉴于该程序如此不方便,英国通过2002年《英国企业法》(Enterprise Act 2002,c.40)第248条,在1986年《英国破产法》中导入了附录B1(Schedule B1),即规定管理人等同于管理受托人,可以直接执行债务重整计划草案[42](参见《英国破产法》附录B1的第3段)。

另外,在公司管理程序中任命管理人,并不直接导致原董事自动被解聘,而是由管理人来判断该董事对企业是否有利,如果判定为不利时,有权解聘该董事[《英国破产法》第14条(2)款]。[43]在这一点上,公司管理程序可以说是介于采取了经营者原则上维持其经营权的《美国联邦破产法》第11章程序和经营者原则上被解聘的日本企业更生程序之间。

(2)公司管理程序中的担保权的处理

公司管理程序是由公司、董事以及债权人申请,经法院发出管理命令(administration)任命管理人进入程序的[《英国破产法》第9条(1)款]。在企业不能清偿债务或缺乏清偿能力,法院认为任命管理人至少可实现《英国破产法》第8条(3)款所列管理命令须达到的目的之一时,才能发出管理命令[《英国破产法》第8条(1)款]。同条(3)款列举了4项发出管理命令的目的:①全部或部分公司业务为公司持续经营存续(survival);②批准(approval)企业进入公司任意重整程序;③法院批准(sanctioning)《英国公司法》第425条的债务重整计划草案(scheme of arrangement);④选择优于清算(winding up)程序的更有利的条件对公司财产进行变价。

一旦申请公司管理命令,公司的强制清算程序与固定担保实行程序将全部停止。从保护公司经营与财产的目的出发:①在法院发出管理命令之前,或发出之后,未经法院许可公司不得作出任意清算(voluntary winding up)的决议,法院也不得发出强制清算命令[《英国破产法》第10条(1)款(a)];②不得实现对企业特定财产的担保物权(security),不得取回(repossess)公司附回购请求权的租赁合同(hire-purchase)、附条件买卖(condictional sale)、动产租赁(chattel leasing)及所有权保留合同(retention of title)从而占有的动产(goods);③不得启动或继续执行对公司或公司财产的其他诉讼程序(proceedings)、强制执行(execution)及其他法定程序(legal process),以及不得为自救扣押动产(distress)[同条(1)款(b)、(c),(4)款]。因此,一旦申请管理命令,担保标的物已特定的固定担保的实现行为将全部被停止。但是,浮动担保权人在申请管理命令后,依然可以不经法院批准任命管理受托人,且已经接受任命的管理受托人其职务执行未受到任何禁止[《英国破产法》第 10 条(2)款(b)、(c),(3)款]。此外,管理命令的申请人必须在申请的 5 日前,向浮动担保权人在内的当事人发出通知[同法第 9 条(2)款(a)]。浮动担保权人在事前得知当事人业已申请管理命令一事之后,就可行使"浮动担保权人的否决权",如有必要还能直接任命管理受托人以阻止发出管理命令。另外,在申请管理命令之前就已经进入接管管理程序的情形下,管理受托人依然可以推进程序。即①任命管理受托人的浮动担保权人同意管理命令的情形;②法院确信依据《英国破产法》第 238 条以及第 240 条规定解除(release)或依据第 245 条规定撤销任命管理受托人的浮动担保的事由不存在时,应驳回(dismiss)管理命令申请的情况[《英国破产法》第 9 条(3)款]。因此,管理受托人在申请管理命令后,可依旧推进接管程序。[44]

公司管理命令一经发出,会普遍产生延缓支付的效力。但是,英国判例法上确立了进入公司管理程序之后,不能为了无担保债权人利益而侵害担保权人利益的基本原则。[45]因此,管理人有必要在申请管理命令之前,就申请管理命令的事项与担保权人进行协商,征得对方同意。另外,进入公司管理程序之后,有必要向担保权人作出支付租赁费以及其他费用的保证。[46]

现行《英国破产法》规定,管理人在公司管理程序中,具有无须经固定担保权人的同意便可处分担保财产的权限[《英国破产法》第 15 条(1)款、(3)款]。固定担保权人所具有的收取本金、利息及手续费的权利,在公司管理程序中均可获得保护[同条(4)款]。可以说作为固定担保权人,除了不能在自己所希望的时间内对担保财产进行变价之外,应该不会发生因管理人处分财产而损害其利益的情形。那么,在固定担保权人也是浮动担保权人的情形下,如何把握固定担保标的财产的变价时机呢?如前所述,因浮动担保权人有权在收到管理命令通知时拒绝,并自己任命管理受托人(否决权),所以浮动担保权人进入接管程序之后,在某种程度上是可以控制固定担保标的物的变价时间的,同时可优先受偿债权。英国的金融机构向企业贷款时,会同时要求固定担保和浮动担保的原因就在于此。[47]实际上,在英国的破产程序中,存在担保权人得到了深层保护从而导致无担保债权人基本得不到分配的情况。于是,英国在2002年制定了《英国企业法》,根据该法第252条的规定,在现行《英国破产法》中新增设了第176A条。该条文规定:对进入破产程序的企业设定浮动担保权时,公司管理程序中的管理人或强制解散程序中的清算人(liquidator)等有义务将企业一定比例的净资产用于清偿无担保债权人[《英国企业法》第252条(2)款(a)]。[48]

2. 公司任意重整程序

(1)基本结构

破产法修改研究委员会(科克委员会)在最终报告中,建议设立新型任意重整程序(voluntary arrangement),以作为使公司简易、迅速地被免除债务,避免公司清算的方法。即公司与债权人无须经法院命令便可任意安排程序,但公司与债权人(及股东)依然受公司与债权人(及股东)之间签订的重整计划草案的约束。[49]1986年《英国破产法》所规定的公司任意重整程序(company voluntary arrangement),正是科克委员会建议的立法实现。

该程序虽然称为"任意重整程序",但是法院并非完全不参与公司任意重整程序。反而,经常有法院干预任意重整程序,法院会根据需要介入(法院的放松干预)。[50]在公司任意重整程序中,公司与债权人(以及股东)间的协商内容为:公司债务履行中的债务免除(composition)及公司业务的重整计划草案(scheme of arrangement)(《英国破产法》第1条)。公司任意重整并不一定都是免除债务。[51]因此,实际上英国的公司任意重整与其说是再建(reorganise)破产企业自身的程序,倒不如说是出售或处分持续经营公司的业务以及财产,以达到维持经营目的的程序。[52]因此,公司任意重整程序是把经营权继续留给原董事的制度,[53]但在公司或其营业被出售之后,公司的经营权最终不得不转移给受让方。[54]

(2)公司任意重整程序的运用情况与2000年《英国破产法》的修改

公司任意重整的运用方法有两种,即公司任意重整程序分为独立于其他破产程序得到执行的独立型和与其他破产程序一起执行的并用型。

在独立型的公司任意整理程序中,公司的董事在重整委员(nominee)及破产(处理)专家(Insolvency Practitioner)[55]的建议下,起草公司任意重整计划草案,[56]并向预定的重整委员正式发出通知。在重整委员向法院提交报告书后,召开债权人会议以及股东大会,草案一经通过,就在监督委员(supervisor)(多数为留任的重整委员)的监督下执行任意重整计划。

与此相反,并用型公司任意重整程序是与其他的破产程序,特别是与公司管理程序一同运用。如上所述,有时申请公司管理程序[参见上述(1)、(2)]是为了让公司任意整理程序获得批准。若以此目的申请管理程序,则由破产处理专家管理人起草完成公司任意重整计划的草案。一旦草案在公司管理程序的债权人会议通过,管理人兼任重整委员时,就由管理人召集债权人会议以及股东大会,研究并亲自起草任意重整计划[参见《英国破产法》第1条(1)款、(3)款(a),第3条(2)款]。如果草案通过,就按公司任意重整计划执行。[57]

公司任意重整程序与公司管理程序并用的主要理由为:在公司任意重整中,即使程序已经开始,也不允许延缓支付。所以,基本上过去所有的公司任意重整程序都与公司管理程序同时进行。[58]但是近来,重整委员很早就开始参与到任意重整程序中,并且在重整委员获得了所有债权人信赖的破产案中,公司任意重整程序与清算程序相比,反而有利于变价公司财产。因此,包括金融机构在内的债权人,一般同意采取公司任意重整的方式,不经公司管理程序,独立运行公司任意重整。这种独立型公司任意重整程序的运用,以小规模企业破产案件为中心逐渐增加。[59]为进一步推动此类方式,2000 年修改的《英国破产法》(Insolvency Act 2000,c. 39)在 1986 年《英国破产法》中新增加了第 1A 条的规定,由此,1985 年《英国公司法》第 247 条(3)款定义为"小公司"(small company)中的任意重整,在开始进入程序阶段就产生延缓支付的效果[《英国破产法》第 1A 条、附表 A1(Schedule A1)]。但是,在小公司之外的公司任意重整中,与往常一样,即便开始进入程序也并未赋予其延缓支付的效果。所以尤为重要的是,当公司开始任意重整程序时,公司的董事需经协商使债权人同意延缓清偿债务,同时说服浮动担保权人即金融机构保证不任命管理受托人,并继续融资。并且,公司任意重整无论是独立型还是并用型,都经债权人会议及股东大会批准才发生效力[《英国破产法》第 4 条(1)款、第 5 条(1)款]。届时,除非在两个会议上得到担保权人与优先债权人的同意,否则不得批准存在侵害担保权人的权利和破产法上优先债权(如劳动债权)内容的公司任意重整草案[同法第 4 条(3)款、(4)款]。如上所述,这是贯彻英国破产法的基本原则,但也有人指出这是公司任意重整难以适用的原因之一。[60]在此种意义上,公司任意重整程序与担保权人的远见、援助、协助是无法分开的。[61]

四、小结——美国破产法与英国破产法的异同点

综上所述,美、英再建型企业破产程序具有各自的主要特征与功能。正如村田论文[62]所指出的,《美国联邦破产法》第 11 章程序,在中止包括担保权人在内的债权人权利的基础上,高效、迅速且公正地促进了债务人、债权人以及其他破产利害关系人之间的权利再调整,并经迅速的司法程序解决相互协商过程中产生的争议。同时,第 11 章程序还具有促进利害关系人在庭外进行协商的功能。与此相反,英国的再建型企业破产程序,因精心保护担保权人,所以公司管

理程序和任意重整程序能否顺利进行,完全取决于担保权人的意向。这的确导致若没有担保权人有远见的帮助和协助,则无法再建。近年来,英国2000年修改的《英国破产法》(Insolvency Act 2000,c. 39)规定了限于小公司的公司任意重整程序的延缓清偿效力,2002年制定的《英国企业法》规定了将目前为止分配给浮动担保权人的分配额中的一部分分配给无担保债权人等。由此可见,破产法理念至此有所变化。但不得不说,与设有自动停止制度、担保权人也受程序约束的《美国联邦破产法》第11章程序相比而言,其仍然存在很大的差异。因此,比较研究两国的预重整模式事业再生时,应充分探讨两国的再建型企业破产程序的差异。

①关于《钱德勒法》第10章"公司重整程序",参见三ヶ月章『会社再生法研究』(有斐閣,1970年)41頁以下、加藤哲夫「アメリカにおける会社再生手続と債務整理手続の機能分担」早稲田法学会誌25巻(1974年)1頁以下、加藤哲夫「アメリカにおける会社再生手続と債務整理手続の機能分担(続)」早稲田法学会誌26巻(1975年)315頁以下、矢尾渉「アメリカ合衆国における企業倒産手続について」最高裁判所事務総局民事局監修『倒産法制改正関係資料』(法曹会,1999年)282頁、倉部真由美「アメリカ連邦倒産法における担保権実行の制限(1)」民商法雑誌123巻3号(2000年)76頁以下、村田典子「再建型倒産処理手続の機能(1)」民商法雑誌129巻3号(2003年)72頁以下。

②详见前注①村田「再建型倒産処理手続の機能(1)」66頁以下。在给予第10章企业更生程序以"公共机构主导型"的地位的同时,给予第11章重整程序以"相关人主导型程序"的地位。

③关于《钱德勒法》第11章重整程序,参见前注①加藤「アメリカにおける会社再生手続と債務整理手続の機能分担(続)」1頁以下、同注「アメリカにおける会社再生手続と債務整理手続の機能分担(続)」315頁以下、中島弘雅 = 倉部真由美「Arrangement,Composition」中島弘雅 = 田頭章一編『英米倒産法キーワード』(弘文堂,2003年)34頁以下、前注①倉部「アメリカ連邦倒産法における担保権実行の制限(1)」75頁以下、村

田典子「アメリカにおける一つの再建型倒産処理手続の生成過程」東京都立大学法学会雑誌44卷2号(2004年)531頁以下、前注村田「再建型倒産処理手続の生成過程」506頁以下。

④参见前注③村田「再建型倒産処理手続の生成過程」506頁以下。

⑤参见前注①加藤「アメリカにおける会社再生手続と債務整理手続の機能分担」1頁以下、前注①倉部「アメリカ連邦倒産法における担保権実行の制限(1)」376頁。

⑥村田典子「再建型倒産処理手続の機能(2・完)」民商法雑誌129卷4=5号(2004年)189頁。

⑦参见伊藤真「和議手続における担保権者の地位(中)」判例タイムズ424号(1980年)28頁、前注①倉部「アメリカ連邦倒産法における担保権実行の制限(1)」76~80頁、前注③村田「再建型倒産処理手続の生成過程」535~536頁。

⑧前注①矢尾「アメリカ合衆国における企業倒産手続について」284頁。

⑨关于第11章"重整程序",详见高木新二郎『アメリカ連邦倒産法』(商事法務研究会,1996年)、渡邉光誠『最新アメリカ倒産法の実務』(商事法務研究会,1997年)、前注①矢尾渉「アメリカ合衆国における企業倒産手続について」285頁以下。

⑩具体来说,包括个人、合伙及公司。

⑪参见前注①矢尾「アメリカ合衆国における企業倒産手続について」284~285頁。另外,1978年现行《美国联邦破产法》规定的破产程序,虽然规定了第7章"清算程序"、第9章"自行管理债务程序"、第11章"重整程序"、第12章"有规则性年收入的家族务农者的债务整理程序"、第13章"有固定收入的个人的债务整理程序"五种,但债务人之外的人可以申请的,只有第7章"清算程序"、第11章"重整程序"[参见《美国联邦破产法》第303条(a)款]。

⑫关于为何只有美国存在自动停止制度,为何美国的破产法对债务人的救济色彩强烈等,详见倉部真由美:「アメリカ倒産法における自動的停止の生成と展開(1)(2・完)」東京都立大学法学会雑誌41卷2号(2001年)423頁、42卷1号(2001年)289頁。

⑬关于采用DIP制度的宗旨与背景,参见前注①矢尾「アメリカ合衆国における企

業倒産手続について」286 頁、河崎祐子「民事再生法における『関係人自治』について」駿河台法学第 17 巻 1 号(2003 年)109 頁以下、前注⑥村田「再建型倒産処理手続の機能(2・完)」199 頁以下。

⑭联邦财产管理人(United States Trustee),是指由司法长官(Attorney General)任命及监督的行政官员,其主要职责是管理与监督破产程序。参见高田賢治「Trustee in Bankruptcy」中島弘雅 = 田頭章一編『英米倒産法キーワード』(弘文堂,2003 年)115 頁。

⑮参见川畑正文「アメリカ合衆国における倒産手続の実務(2)」NBL709 号(2001 年)35 ~ 36 頁。

⑯参见前注①矢尾「アメリカ合衆国における企業倒産手続について」288 頁。

⑰参见前注⑮川畑「アメリカ合衆国における倒産手続の実務(2)」36 頁。

⑱参见前注①矢尾「アメリカ合衆国における企業倒産手続について」288 頁。

⑲参见前注①矢尾「アメリカ合衆国における企業倒産手続について」289 頁。

⑳参见前注①矢尾「アメリカ合衆国における企業倒産手続について」291 ~ 292 頁。

㉑关于《美国联邦破产法》中担保权行使的停止与给予担保权人"适当保护"的相关内容,参见倉部真由美「アメリカ連邦倒産法における担保権実行の制限(2・完)」民商法雑誌 123 巻 4 = 5 号(2001 年)272 頁以下。

㉒关于美国 DIP 融资,除参见本书收录的河合祐子 = 出澤貴典 = 林康司「米国・英国の事業再生ファイナンス」(《美国与英国的事业再生金融》)一文之外,还参见前注⑨高木『アメリカ連邦倒産法』110 頁、前注⑨渡邊『最新アメリカ倒産法の実務』120 頁。

㉓"管理费用债权"是相当于日本的财团债权、共益债权的概念。

㉔参见前注⑥村田「再建型倒産処理手続の機能(2・完)」204 頁。该论文第 184 页以下部分细心论证了第 11 章程序所具备的此种功能。本文下述内容也大量参考了该论文。

㉕参见前注③村田「再建型倒産処理手続の生成過程」534 ~ 526 頁。

㉖与上述相关的范述,参见前注⑥村田「再建型倒産処理手続の機能(2・完)」

189～190 頁、204 頁。此外，参见前注①倉部「アメリカ連邦倒産法における担保権実行の制限(1)」78 頁。

㉗关于预重整计划，除本书收录的阿部信一郎的论文外，详见阿部信一郎「米国におけるプレパッケージ型再建手続について」国際商事法務 31 巻 3 号(2003 年)305 頁。

㉘前注村田⑥「再建型倒産処理手続の機能(2・完)」205 頁。

㉙前注村田⑥「再建型倒産処理手続の機能(2・完)」212～213 頁。

㉚关于英国再建型企业破产程序，参见中島弘雅「イギリスの再建型企業倒産手続(1)～(3 完)」民商法雑誌 118 巻 4＝5 号(1998 年)第 123 頁、118 巻 6 号(1998 年)1 頁、119 巻 1 号(1998 年)1 頁、中島弘雅「イギリス倒産手続における担保権の処遇」民商法雑誌 120 巻 4＝5 号(1999 年)95 頁。

㉛*Insolvency Law and Practice: Report of the Review Committee*, Cmnd. 8558 (1982), para 495.

㉜以上参见前注㉚中島「イギリス倒産手続における担保権の処遇」100～103 頁、中島弘雅＝倉部真由美「Receivership」中島＝田頭・前注(注③)『英米倒産法キーワード』59～61 頁。

㉝*Gomba Holdings v. Homan* [1986] 1 WLR 1301; D. Prentice, F. Oditah and N. Segel, "Administration: The Insolvency Act 1986, Part Ⅱ" [1994] LMCLQ. 492－493; P. L. Davies, *Gower's Principles of Modern Company Law* (6th. ed. 1997), 819; A. Belcher, *Corporate Rescue: A Conceptual Approsch to Insolvency Law* (1997), 143.

㉞*Re B. Johnson & Co (Builders) Ltd* [1955] Ch 634 at 661－662; *Downsview Nominees Ltd v. First City Corporation Ltd* [1993] AC295, [1993] 3 All ER 626, [1993] 2 WLR 86, [1993] BCC 46.

㉟Prentice et al., supra note 33, at 494.

㊱D. Brown, *Corporate Rescue: Insolvency Law in Practice* (1996), 657 n. 39.

㊲参见前注㉚中島「イギリス倒産手続における担保権の処遇」104～105 頁、中島弘雅＝倉部真由美「Receivership」中島＝田頭・前注(注③)『英米倒産法キーワード』

63～64 頁。

㊳Prentice et al. , supra note 33, at 496; J. Birds, A. J. Boyle, E. Ferran and C. Villilers, *Boyle & Birds' Company Law* (3rd. ed. 1995), 569－570, 577; I. F. Fletcher, *The Law of Insolvency* (2nd. ed. 1997), 419－420; Brown, supra note 36, at 657; Davies, supra note 33, at 817－818.

㊴*Re St. Ives Windings Ltd* (1987) 3 BCC 634.

㊵债务重整计划草案(scheme of arrangement)是一种规定和解(compromise)或债务重整(arrangement)的文件,经法院批准后能够约束全部的(或者某种类的)债权人。草案需在法院基于申请召集的股东大会以及债权人会议上进行表决,由股票总份额或债权总额3/4以上的股东或债权人表决同意后通过。因为要得到债权人以及股东3/4的同意以及法院批准,程序烦琐且花费大量时间,所以有一段时期运用事例锐减,然而最近又出现了重新运用的迹象。

㊶参见前注㉚中島「イギリスの再建型企業倒産手続(2)」2～3頁。

㊷参见 A. Keay and P. Waiter, *Insolvency Law: Corporate and Personal* (2003), 102。

㊸参见 Davies, supra note 33, at 825。

㊹参见前注㉚中島「イギリスの再建型企業倒産手続(2)」5～6頁,同前注㉚「イギリス倒産手続における担保権の処遇」114頁。

㊺*Barclays Mercantile Business Finance Ltd v. Sibec Developments Ltd* [1992] 1 WLR 1253, 1259.

㊻Prentice et al. , supra note 33, at 513－514.

㊼参见前注㉚中島「イギリスの再建型企業倒産手続(2)」11～13頁,同前注㉚「イギリス倒産手続における担保権の処遇」116～118頁。

㊽参见田頭章一「Priority」中島＝田頭編・前注(注③)151頁。

㊾Insolvency Law and Practice: Report of the Review Committee, Cmnd. 8558, paras 400－430.

㊿参见 Davies, supra note 33, at 769。详见前注㉚中島「イギリスの再生型企業倒産

手続(3・完)」13 頁以下。

㉛*March Estates plc v. Gunmark Ltd* [1996] 1 BCLC 1; R. M Goode, Principles of Corporate Insolvency Law (2nd. ed. 1997), 324.

㊾Goode, supra note 51, at 333.

㊿Fletcher, supra note 38, at 402; Goode, supra note 51, at 324, 328.

㊾参见前注㉚中島「イギリスの再生型企業倒産手続(3・完)」2～3 頁、同注「イギリス倒産手続における担保権の処遇」125 頁。

㊿在英国,很长一段时期内,即使没有特别资质的主体也可成为公司的清算人(liquidator)及破产管理人(trustee)。这便导致20 世纪70 年代至80 年代,出现了很多人因参与破产事件处理而不当获取利益之情形。因此,1986 年破产法修改之际听取了科克委员会的建议,对破产程序中的相关主体设置了资质要求,并导入了破产(处理)专家制度。关于该制度的详细论述,参见前注㉚中島「イギリスの再生型企業倒産手続(1)」150 頁。

56 1986 年破产规则要求董事应为重整委员事先准备公司任意重整相关草案(《破产法规则》第 1 条、第 2 条),但事实上,从董事对是否应该寻求任意重整作出判断的阶段开始,预定成为重整委员的破产(处理)专家早已参与到案件中。董事一般按照破产(处理)专家的建议起草提案。参见前注㉚中島「イギリスの再生型企業倒産手続(3・完)」5～6 頁。

57参见 Birds et al., supra note 38, at 574; Brown, supra note 36, at 63, 653。

58Birds et al., supra note 38, at 573.

59Brown, supra note 36, at 654.

60Goode, supra note 51, at 336.

61Goode, supra note 51, at 327. 参见前注㉚中島「イギリス倒産手続における担保権の処遇」127 頁。

62参见前注⑥村田「再建型倒産処理手続の機能(2・完)」204 頁。

(陈景善、房静文、欧星　审校)

美国与英国的预重整型破产程序

[日]阿部信一郎* 著 郜俊辉** 译

引 言[①]

美国与英国[②]均为判例法国家，但在处理破产案件时，法律制度以及实务操作有很大的差异。在美国，破产重整程序是一种商业战略。在著名的石棉粉末案中，受害人起诉约翰曼维尔公司。该公司申请了《美国联邦破产法》第 11 章程序（以下简称“第 11 章程序”，称“申请启动程序”为“申请第 11 章程序”），避开了因诉讼引起巨额赔偿责任而导致破产的风险，并得以暂时不向受害人支付赔偿金。在确定对受害人的清偿方式的同时，企业得以持续经营。[③]在大陆航空公司案件[④]中，债务人企业担心被无固定期限的集体劳动合同束缚，为避免由此而造成的资不抵债，趁现金周转尚处于充裕时，就早早地通过申请第 11 章程序废弃集体劳动合同，

* 律师。

** 日本早稻田大学博士研究生。

将工资削减到申请第 11 章程序之前的 50%。[⑤]可见,美国破产重整程序业已商业化。在申请第 11 章程序的前后,除律师、会计师外,还会有危机专家、重整承包人〔1〕[⑥]等作为外部顾问、首席执行官或首席财务官进入债务人企业,参与企业的持续经营和重整业务。由财务专家或投资银行等就重整计划草案提出建议。聘任专家需支付巨额费用,重整程序对于专家而言是赚钱的业务,这在日本也是众所周知的。与美国相比,英国的企业重整法律制度看起来并没有那么强硬。有能力的管理人(receiver)根据情况,对原本应该进行清算的企业进行重整或直接重整企业本身。[⑦]例如,英国的中央银行英格兰银行充当调解员,在金融机构债权人之间进行调解,以庭外重组方式解决问题的事例屡见不鲜。[⑧]如后所述,英国在现行法中规定了公司管理程序(administrator ship)、债务重整计划草案(scheme of arrangement)、公司任意整理(company voluntary arrangement)等程序来作为再建型程序。但是,英国的传统是优先担保债权人,因而重整程序并未像《美国联邦破产法》第 11 章一样得到广泛运用。

近期也开始出现了英国企业在美国申请第 11 章程序的事例,其亦利用到了《美国联邦破产法》的优势。2003 年 12 月,英国法人电缆无线公司申请了美国第 11 章程序,目的是逼迫出租方降低租金。[⑨]根据英国的破产程序,申请破产程序后合同一般便终止,而根据美国第 11 章程序则可以挽救这一局面。自动停止制度在理论上波及了全世界,无论在哪个国家违反该制度都能在美国以侮辱法庭罪定罪。暂且不论自动停止制度的效力是否实际波及了美国以外的地区,至少事实上对于在美国从事商业活动的债权人来说是不利的。[⑩]在英国,债务人依据《英国破产法》的规定是得不到保护的,因此其会跨越大西洋到美国申请破产保护,寻求美国第 11 章程序的庇护[⑪](在美国申请第 11 章程序对于英国企业而言是十分容易的[⑫])。

〔1〕 重整承包人指负责进行财务重组的主体,主要有审计法人、大型银行所设的顾问律师或注册会计师。——译者注

本文主要分析美国第 11 章程序。英国的预重整程序与美国相比,构造上略显弊端,而且在适用上也确实无优势。所以,英国债务人在美国常适用第 11 章申请破产保护程序。今后日本以及其他国家也应该探讨如何在美国申请破产保护程序这一问题。

一、美国预重整型再建程序

(一)预重整程序的目的以及种类

预重整程序,广义上是指在申请第 11 章程序之前的阶段,主要债权人确认债务人企业的财务状况、重整计划草案之后提出申请,进入法定程序之后重整计划草案迅速得到批准的程序。据此,与一般的第 11 章程序相比,该程序可以最大限度地缩小破产程序的期间和费用(时间与成本),同时债务人的经营混乱状态也可降到最低限度,尽可能控制企业价值的毁损程度。以申请第 11 章程序前是否终结重整计划草案的投票为依据,该程序可以分为纯粹的预重整型程序(狭义的预重整型程序)与谈判型程序(事先协商型)。

纯粹的预重整型程序的流程为:(1)向主要债权人寄送重整计划草案与债务人财务状况等信息披露书(disclosure statement)[13],说服其同意重整计划草案;(2)经法定多数决同意通过重整计划草案;[14](3)债务人向破产法院申请第 11 章程序;(4)法院经听证会程序后,[15]如果没有什么问题,便批准早期的重整计划草案。

另外,谈判型程序是在上述(2)重整计划草案未在(3)的申请第 11 章程序之前通过的情形下,债务人不受破产法院限制,在申请之前与债权人协商重整计划草案的内容。[16]在申请第 11 章程序之后,经破产法院批准披露声明书后,再说服债权人同意重整计划草案。在申请第 11 章程序前劝诱未结束的情形下,发出批准披露声明的通知与举行听证会程序就需要 30 日左右的时间。[17]即便如此,其与第 11 章程序相比还是迅速的。因为在第 11 章程序中,债权人与债务人在申请第 11 章程序后才就重整计划草案进行协商。

《美国联邦破产法》并未对预重整程序作出明确规定，但是规定了何时提交重整计划草案都可以，若依此规定，在申请第 11 章程序之时可以同时提交预重整计划草案。[18]该法关于劝诱作出了如下规定：只要满足一定的要件，债权人在申请第 11 章程序之前对重整计划草案作出的同意或拒绝便可延续到法定程序中。该规定以预重整程序为前提。[19]

纽约南部地区破产法院发布了《预重整型程序一般指南》[20]，该指南规定了《美国联邦破产法》及其法律中未规定的程序。比如，事先通知破产法院提交申请的预定日期、公司规模、应付款支付命令、适当的投票期间等。该指南的特征在于债权人与债务人在申请第 11 章程序之前进行协商，至于进入程序以后应被认可到何种程度并未作规定。

（二）庭外重组与预重整程序

对负有巨额债务陷入困境的企业，美国有如下重组方式：通过公募增资的方式进行重组；经债权人同意，以非公开方式进行庭外债务重组；根据第 11 章程序规定，以申请程序的方式进行重整。选择何种方式，取决于个案的事实关系，需要个案分析，在日本亦如此。[21]债务人的公司债券（bond）与票据（note）由一般投资者持有时，在美国的重整程序中常用以新换旧的互换报价（exchange offer）方式：交换债权人持有的旧债券与新债券，进行债务重组。新债券与旧债券相比利率更低或者到期日被延长，对债务人而言是有利的。因新债券附带取得优先地位的股权要素，所以对债权人来说也并非完全不利。不过，新旧债券互换终究是私下的庭外协议，不同意交换的债权人也可以根据旧债券的条件行使权利、寻求救济。为了使异议债权人（也称反对债权人）同意交换新债券，债务人会设定有利于债权人的股权内容（equity sweeteners）或迫不得已支付现金。[22]若需要对多数异议债权人以现金清偿，陷于困境中拼死挣扎的债务人就不得不放弃互换报价方式。采取双轨制，债务人会同步协商预重整程序，以备互换报价不成功。互换报价重组需经 90% ~95% 的债权人同意,但在预重整程序中表决通过条件并不高。因此,债务人可以准备两份材料邮寄给债权人,以便同时协商两种方式。此种方式的弊端在于,为了同时寄出互换报价方式和预重整程序的文件,必须提早准备材料,而如果任选其一,则需要放弃另一种方式,就会浪费前期准备的时间和费用。

互换报价与预重整程序相比,主要存在以下不同:第一,如前所述,互换报价只能约束同意交换债券的债权人,而在预重整程序中,重整计划草案一经批准就约束全部债权人与股东。第二,在预重整程序中,因担保权人也在程序中,故无须考虑担保的特殊性,可以出售担保标的物,[23]而在互换报价中却不可以。第三,债务人的经营管理层可以以同意并协助重整为条件要求免除责任,这只有在预重整程序中才有可能。第四,在预重整程序中可以拒绝履行双务合同。[24]显然,互换报价的优势在于不公开债务人重整,因而可以防止企业价值减损。[25]

(三)第 11 章的普通法定重整程序与预重整程序

预重整程序与第 11 章的普通重整程序相比,具有如下优势:第一,速度较快且成本较低。从申请开始到批准为止,普通程序平均花费 1 ~3 年,而预重整程序只需 1 ~3 个月即可。短期的预重整程序意味着能够降低在此期间进入申请异议等利害关系救济程序的可能性,既可以减轻编制材料的负担,也可以减少专家费,具有降低成本的效果。第二,因债权人事先已同意重整计划草案,所以更易于控制程序,重整计划也更易于执行。但在普通重整程序中,债权人可能尝试做各种各样的抵抗。比如,在安然案件中,债权人提出法院管辖权问题、申请指定管理人等。在预重整程序中,因为在申请时已与债权人搭建了协商机制,自然可协商解决利益冲突。第三,事先的新闻报道非常有助于推动程序。在申请第 11 章程序之前,债务人的供应商在随时有可能破产的不安状态下持续进行交易。若债务人在申请第 11 章程序后,立即向外部发布其已依据第 11 章程序申请了程序,并经大多数债权人的同意[得到 DIP(debtor in possession)

融资支持],事实上已披露了重整信息,供应商与长期客户或者职工便都能够安心继续交易或者工作。因而,媒体报道可将企业价值减损程度降到最低,这也是有效的方式。第四,经营管理层也得以尽可能避免参与繁杂的法定程序。在预重整程序中,经营管理层只要参加第一天的听证会与批准草案的听证会即可,之后可集中精力重整企业。另外,预重整程序的弊端在于迟延申请。如果立即申请普通重整程序,则无须支付无担保债权的利息。但在预重整程序中,程序申请之前的协商阶段要继续支付利息。因为不发生自动停止的效力,所以在与主要债权人进行协商的过程中,有可能发生未成为协商对象的债权人提出申请的情况。撤销偏颇行为以及欺诈性转让行为的起算日是自申请之日起追溯计算,但是迟延申请会导致无法行使撤销权。[26]而且自申请到批准草案为止的期间过短,对于是否履行双务合同,债务人必须明察市场动态再作出决定。然而,其最大的弊端是,难以对申请第 11 章程序前的劝诱行为的适当性进行判断。[27]因为《美国联邦破产法》仅保护申请后的劝诱,申请第 11 章程序前只能遵循《美国联邦破产法》之外的证券交易法及其他法律法规。[28]以未遵守这些法律规定为由,需要重新实施劝诱程序投票,就等于重复劳动,完全失去了预重整程序的优势。[29]例如,先锋案件[30]的重整计划草案就是因不适当的劝诱而未能获批。由于重新劝诱,从再申请到获批整整花费了 1 年时间。概言之,在个案中,是采用普通重整程序还是采用预重整程序,面临选择完全适用法院介入的法定程序还是结合庭外重组的方式的问题。选择后者,为获得大多数主要债权人同意,事先应制订出详细的计划;选择前者,就能享有自动停止的效果。如果是需要充分适用法律以解决复杂问题的案件,就应选择前者;如果追求效率、减少成本,就应选择后者。

(四)预重整型与谈判型

广义的预重整程序包括谈判型程序与纯粹的预重整型程序。与纯粹的预重整型程序相比,谈判型程序是申请后进行劝诱,因而比纯预重整型程序至少需多花费 25 日。谈判型程序在控制方面较弱,因为债权人虽然在申请第 11 章程序前的阶段口头上同意了重整计划草案,但在申请后的实际投票中推翻原意的情形并不少见。为防止出现这种情况,债务人一直利用约定债权人支持重整计划草案并投同意票的锁定协议(Lock-Up Agreement)来约束债权人。[31]关于披露声明书,如前所述,在纯粹的预重整型程序中存在再次劝诱、投票的风险,时间和费用有可能翻倍增长。而在谈判型程序中,劝诱前便取得了破产法院的批准,所以不存在此种风险,而且自动停止制度在谈判型程序中效果显著。

(五)关于程序的特点

预重整程序,一直被认为适合于单一资产的企业与控股企业的重整,不适合于经营性企业。经营性企业高度依赖供应商债权人,如果在申请第 11 章程序前的协商中供应商债权人切断交易往来,则会出现较大问题。单纯资产负债结构的单一资产企业,则通过简单的协商就能轻易实现重整。控股企业则因为其债权人是熟知状况的明智的债权人,所以易于达成合意。该程序适合于通过巨额借贷或杠杆收购设立的企业、经营本身健全但需要进行资产负债重整的企业,以及不急需自动停止效力的企业。然而,近年来在石棉案件等复杂的案件中,也出现了预重整型程序取得成功的情形。[32]

为重整进行协商,首先是未清偿债务的债务人与贷方取得联系,在促使贷方允诺对不履行行为暂不行使权利的同时,请求贷方修改条件。[33]之后,银行、债券持有人、票据持有人等各债权人分小组,与各小组债权人进行协商,并提出重整计划草案。越早开始相互对话协商,重整成功的可能性就越大,这一点无论是在美国还是在日本都没有区别。[34]破产律师与财务专家协助各个小组参与程序。在美国,这些专家必须参与破产程序。[35]小组内的协商、小组之间的协商以及与债务人的协商,均由可信赖的专家主导。存在多数债权人时,由规模大且具有参加委员会意向的债权人成立指导委员会,先由这个委员会与专家讨论研究重整草案,之后再反馈给全体债权人。

(六)各利害关系人的应对

预重整程序有诸多利害关系人,每个利害关系人的影响力不同。

1. 债权人顺位。第一,担保权人拥有最大的优先权,并主导程序,因为其可以根据情况,选择行使担保权。当然,他们也会对债务人的清算价值与重整后的重整价值进行比较衡量,若前者的价值明显更高,重整协商就会变得困难。第二,无担保权人,包括期权债权人与债券持有人,当不存在优先级的担保债权人时,由无担保权人主导重整协商。无担保权人在预重整协商的某个环节一般会要求提供担保,或主张债转股。第三,本来不能得到分配的劣后债权人、夹层债权人也想从债务人企业的持续经营价值中得到利益,故会迫使企业修改与优先顺位债权人签订的协议,并同意给后顺位债权人分配利益的重整计划草案。在后述天顶电子案、伯明翰案中,前顺位债权人也大多认为,或多或少给后顺位债权人一些利益,让他们支持重整才是上策。经协商,后顺位债权人可获得基于重整计划草案的分配。

2. 持股人。通过持股人的协助,也可以在预重整程序中节省时间和成本,因为他们有可能为了确保自己的利益而拖延程序。如在天顶电子案[36]中,天顶电子(Zenith Electronic)公司是制造、销售电视机的公司,1998 年其产品的市场份额位列第 4,其实在 1985 年至 1998 年,除 1 年外,其余时间该企业均处于赤字状态。该企业进入预重整程序之后制定的重整计划草案,虽然得到了最大股东、最大债权人、公司债券持有人的大多数支持,但是遭到了部分股东的反对,因为这些股东的股权是 100% 要被注销的。其他股东也采取措施拖延程序,如设立股东委员会、对披露声明及重整计划草案提出异议、对披露声明的批准及重整计划草案的批准提起诉讼等。虽然他们的异议终究以失败而告终,但也导致重整花费了大量的成本和时间。

伯明翰案避免了这种情况的出现。[37]伯明翰制铁企业因业绩惨淡,决定通过谈判型程序将全部资产出售给努克尔公司。重整计划草案的内容为:因担保不足，担保权人不仅能获得出售债务人企业资产的全额出售款，而且能以无担保债权弥补不足部分。但是，担保权人为了不拖延程序，同意将担保物出售款的一部分作为“小费”支付给股东，即使原本在绝对优先原则之下，股东是没有任何权利接受分配的。而且，担保权人对无担保权人承诺，只要同意重整计划草案就支付一定的分配额，若反对就不能得到分配。担保权人通过让渡属于自己的一部分分配额给股东和无担保权人的方式，确保了谈判型程序的进程。

3. 在债权人之中，供应商债权人十分重要，供应商债权人权利受到损害，会损毁债务人企业价值，这一点在日本普遍达成共识。虽然他们不参加预重整计划草案的协商，但是取得供应商债权的同意是上策。为此，债务人申请第 11 章程序之后，法院通常在第一天发出应付款支付令（申请第 11 章程序的第一天作出的命令）等，在程序的初期阶段批准全额清偿供应商债权。[38]

4. 搭便车（ride-through）的债权人。在预重整程序中，重整计划草案得到批准后，特定或不特定债权人依然存续，这也是预重整程序的特点之一。该类型债权组在重整计划草案中权利未受损害，所以视为同意，未经劝诱，也没有被赋予投票的机会。[39]具体而言，在第 11 章程序中，每个债权人应在破产法院规定的申报期限内申报债权。[40]特别是在纯粹的预重整程序中，劝诱与投票是在申请第 11 章程序之前进行的。因此，在此时间点上，只要在重整计划草案中不能确定权利损害的，就应该对债权类型及数额都并不明确的债权，进行劝诱并给予投票机会。通常在预重整程序中，申请第 11 章程序前并未与这些债权人事先协商，因而事后一旦判定他们实际上拥有投票权时，就会形成申请后的风险。于是，对于此类债权，重整计划草案明确不损害其权利，保持其原有的权利内容。但是，搭便车的债权人占很大比例时，重整计划草案很有可能被认定为没有实效性，导致破产法院有可能不批准该计划。[41]

5. 关于职工债权人，应特殊考虑。日美两国在这一点上并无差异，职工的持续雇佣最为重要。因而，必须在申请第 11 章程序前就准备好用于支付工资的资金，在破产法院批准后，立即支付工资才能维持职工的工作热情，顺利完成企业重整。[42]

6. 其他可考虑出售的债权。有时票据债权在流通市场上被低价售出，届时票据债权组分为按原票据面额取得票据的组和按远远低于票据面额取得票据的组。在企业面临清算的情况下，有可能出现重整风险。例如，票据债权的价值是面额的50%，而在重整计划草案中规定向票据债权人支付面额的70%时，在流通市场上以20%的面值购买的小组也许会同意，但是按原票据面值购入的小组定会反对。

（七）统计

根据2003年破产年鉴[43]的统计结果，2002年194家上市公司破产，其中有14家公司的破产案件进入预重整型破产程序。其与1999年的10件（145件破产案件）、2000年的12件（176件破产案件）、2001年的8件（257件破产案件）预重整案件数量相比创出了新高。破产申请案件量大幅增加的1～2年之后，进入预重整程序的案件也呈现增加的趋势。互联网泡沫的崩溃、证券关联诉讼的增加、伊拉克战争等都导致了破产案件的增加。破产案件受理集中在特拉华州和纽约南部破产法院，平均结案期间为154日（约5个月），部分核心案件平均结案期间为134日（约4个月）。需要注意的是，在特拉华州，申请第11章程序的企业中约40%是第二次申请。[44]通过预重整程序本该实现重整，却再次陷入破产状态的企业，是申请第11章普通程序的1.5倍。其原因在于：为得到债权人的同意而降低债权免除金额，不良债权交易商为确保利益而希望迅速推动终结程序，为了易于得到债权人认可而制定了过于乐观的重整计划草案等。在预重整程序中，只要得到债权人的同意，破产法院的法官便直接批准草案，但是有可能陷入重整计划草案不能如约履行的状况。

（八）预重整与申请程序后的融资

《美国联邦破产法》为了激励银行等金融机构进行新一轮融资或追加融资，

在缺乏流动资金的债务人申请第 11 章程序时,规定了 DIP 融资以超级优先权,给予贷款人同等或优先于既有担保权的担保权等特别保护。[45]但是,未出现 DIP 贷款人时,只能用现有资金支付。届时,应取得现金担保权人的同意或给予担保权人适当担保经担保权人同意可使用现金。[46]预重整程序,程序期间短,但完全有可能出现申请第 11 章程序之后需要融资或使用现金担保的情况。在进入程序前的劝诱债权人阶段,应事先做好 DIP 融资的准备。为了保住已有债权的价值,金融机构追加融资的情形也并不罕见。[47]预重整程序,因申请后融资期间短,所以比第 11 章普通程序更加易于 DIP 融资。

二、英国预重整型程序

预重整程序的目的在于最大限度缩短再建型破产程序所需的时间、减少费用,以防止经营的混乱。但是英国并未明确意识到预重整程序的这一目的,英国的公司管理和债务清理方案的组合与公司任意重整程序的组合类似预重整。

(一)公司管理命令[48]

公司管理,是指法院任命公司管理人(administrator),并由该管理人代替董事出售企业财产,或由经营掌控企业的董事根据情况提出并实施重整计划草案。[49]以再建为目的的债务人是否接受管理命令,完全是任意的,但接受的情况居多,因为只有接受了这个命令,才能够暂时延缓清偿(暂停)。

可见,依据公司管理程序进行债务清理、制定计划草案,作为暂时延缓清偿的方式至今仍在适用。然而,2002 年制定的《英国企业法》(the Enterpise Act)在重整程序中,应有效运用管理命令。[50]原管理命令在程序上存有明显的缺陷,因为浮动担保权人(floating charge holder)通过任命管理受托人(administratice recriver)的方式,可以事先规避管理命令。然而,《英国企业法》规定禁止任命管理受托人,当然也有例外。依据管理命令,公司更加易于重整。该法适用于 2003 年 9 月 15 日之后提出破产申请的企业,债务人的权限得到强化,进而缩减了程序所需的时间与费用,[51]并在最大限度缩短预重整程序的时间、减少成本方面达成制度共识。在此意义上,可以说《英国破产法》向美国第 11 章程序又靠近了一步。[52]

(二)债务重整计划草案[53]

现行《英国破产法》所规定的重整计划草案,与美国的重整计划草案在程序上具有相同功能,得到普遍运用。

程序流程为:(1)债务人制定重整计划草案;(2)经法院许可制定重整计划草案和召集会议;(3)召开股东大会以及债权人会议,通过决议;(4)获得法院的批准;[54](5)向工商登记机关(companies house)提交即生效。因为到计划生效为止不能产生延缓清偿的效果,所以需借助前述的企业管理命令的效力。重整计划草案的内容十分灵活,只要在企业的权限内就可以自主决定,这一方案的核心在于债权人和企业达成协议,无须借助破产实务专家,由现有董事能够维持公司经营权。[55]债务重整计划草案,可以有计划地约束异议债权人与股东,但前提是需得到每个小组占债权总额 3/4 以上且过半数债权人的同意。担保权人小组也如此,同意就受草案约束;[56]若不同意,草案全部内容是否都化为乌有,就要取决于草案的结构了。

与预重整程序相比,从债权人提出重整计划草案至程序终结为止,至少需要 6 周。因为从法院作出上述(2)的许可到(3)的召集会议为止需 21 日;从(3)的表决重整计划草案到(4)的审理批准为止需 2~3 周。

(三)公司任意整理[57]

该程序是以无担保债权人(及股东)为对象的程序。担保权未经担保权人同意不得变更,[58]启动该程序无须资不抵债或支付不能。

程序流程为:(1)向法院提交重整计划草案;(2)在召开会议 14 日之前通知债权人与股东;(3)会议上取得债权人同意;(4)向法院提交相关报告书;(5)自提交之日起的 28 日之内提出异议,重整计划草案具有拘束力。(1)的重整计划草案，事实上多在债务人选任的整理委员（nominee，由破产处理实务家担任）的支持下制定。在（3）的债权人会议上，重整计划草案的通过以占债权总额3/4以上的债权人同意为要件，且要经过半数债权人的同意。然而，即便未得到股东大会的同意，只要通过债权人会议的表决，股东也可以向法院提出异议。[59]整理委员通常继续担任监督委员（supervisor）执行任意重整计划。

该程序的特点是，如果没有异议申请，法院无须审理。换言之，已与主要债权人达成协商或不存在被强制执行的风险的情况下，没有必要为得到暂时延缓清偿而申请管理命令。如此一来，可以最大限度减少法院参与影响管理程序的迅速性。[60]这可称为“英式预重整程序”。

①作者在 2003 年 11 月 29 日事业再生研究机构主办的研讨会上以“预重整模式事业再生的当下课题”为题进行了演讲。本文是以该演讲稿为基础增删、修改而成的。上述演讲的内容以经济产业省“2002 年度创业促进型人才培养机制开发等企业经营（导入事业再生人才培养项目促进企业经营）”的“关于英美预重整型企业重整的调查”为基础，并结合作者亲自进行的英美律师的问卷调查及其他研究，以在英美实际进行的预重整型破产程序的实务为中心展开了讨论。因此，尽量省略了法条的原文、详细内容等。《美国联邦破产法》的具体内容可参见高木新二郎『アメリカ連邦倒産法』（1996 年・商事法務研究会）；英国法以及英美法的比较可参见中島弘雅 = 田頭章一編『英米倒産法キーワード』（2003 年・弘文堂）等。

②本文所指英国为英格兰和威尔士。

③In re Johns-Manville Corp. , 63B. R. 600（Bankr. S. D. N. Y. 1984）；In re Johns-Manville Corp. , 801 F. 2d 60（2d Cir 1986）等。有报告称，由于承担石棉案件赔偿责任，导致在美国申请了第 11 章程序的公司多达 61 家。也就是说，在 47 个州中，每州至少有 1 件与石棉相关的破产案件。Joseph E. Stiglitz 及其他，THE IMPACT OF ASBESTOS LIABILITY ON WORKERS IN BANKRUPTCY FIRMS, Journal of Bankruptcy Law and Practice 51（2003）。

④In re Continental Airlines Corp. ,91 F. 3d 553(1996).

⑤上述两个案例参见 Kevin J. Delaney, STRATEGIC BANKRUPTCY, CALIRORNLA (1992)。

⑥关于重整承包人,参见阿部信一郎「ターンアラウンドスペシャリスト(上)(下)」NBL758 号(2003 年)43 頁、同 760 号 61 頁以下。

⑦参见前注①中島 = 田頭編『英米倒産法キーワード』61 頁。

⑧日本制定庭外重组方针时,参考了英格兰银行的多数金融机构债权人总结的庭外重组框架,该框架被称为伦敦式准则。参见高木新二郎「『私的整理に関するガイドライン』の解説」NBL723 号(2001 年)8 頁以下。

⑨UK company uses Chapter 11 to dump American creditors, GLOBAL TURNAROUND No. 47,(2003). 顺便说一下,英国在电缆无线公司申请该程序之前,就有雷格斯(Regas)公司申请第 11 章程序,其同样是为了强迫借贷人就降低租赁价格进行协商。

⑩另外,美国破产法规定的 DIP 融资以及对此给予的超优先债权和等同于或优先于既有担保权的担保权的保护,在英国并不存在。

⑪直到 2002 年 5 月实施《欧盟破产规则》(Europe Bankruptcy Regulation)为止,无论与英国有多深的关联,外国企业都不能申请英国的破产程序(后述的管理命令)。通过《欧盟破产规则》,可以在英国法院申请(Forum Shopping)破产程序。但是这仅限于欧盟成员国内部。参见 INSOL WORLD, Third Quarter 2003,8 頁。

⑫在本案中满足了哪个要件尚不明确,但作为申请第 11 章程序的适格债务人,《美国联邦破产法》第 109 条(a)款规定必须“居住在美国境内,或在美国境内拥有住所或营业场所且拥有财产”,所以仅仅是债务人在美国有存款,甚至债务人向负责申请程序的律师事务所的美国办事处汇预付费用也算在美国境内拥有财产,也可成为适格债务人。参见 Word of English, 23 B. R. at 1023 以及 Global Ocean Carriers,251 B. R. at 39 等。

⑬信息披露书记载企业概要、重整草案等。

⑭在表示同意或拒绝重整草案的债权人中,在该小组认定的占债权总额的 2/3 以上

且过半数的债权人同意重整草案的场合，视为该小组同意了重整草案。在股东等的小组，删除了人数要件，占股权总数的2/3以上同意重整草案时，视为该组通过了重整草案。参见《美国联邦破产法》第1126条(c)款、(d)款。

⑮披露声明书与重整草案的两个听证会同时进行，申请后至少相隔25日，但法院也可以缩短该期限。参见《欧盟破产规则》第9006条(c)款。通知与听证会的关系，原则上是发出通知后利害关系人没有要求举行听证会，那么可以不举行听证会。参见《美国联邦破产法》第102条(1)款。但是，披露声明书与重整草案的认可必须召开听证会。参见《欧盟破产规则》第3017条(a)款、(c)款。在听证会上，债务人的律师报告预重整程序的投票结果，并宣示程序应符合法律。

⑯有时申请后也继续协商。

⑰参见前注⑮。

⑱《美国联邦破产法》第1121条(a)款。

⑲《美国联邦破产法》第1126条(b)款。

⑳参见 www. nysb. uscourts. gov。

㉑通说认为，第11章程序与司法外的重组程序相比，存在以下不同：第一，前者花费大量的成本。债务人聘请专家、债权人组成的债权人委员会聘请专家等费用数额巨大。第二，如果选择前者，经营层须分出时间和精力进行法定程序的案件管理。经营层在最为关键的时期，不能集中精力进行企业再建以及商业活动。第三，选择前者会给相关人带来冲击，也有可能失去供货商、顾客、职工等重要利害关系人。第四，选择第11章程序，有可能到结束为止要花费很长时间。这是由于存在许多潜在的利害关系人，和他们协商完毕可能要花费数年的时间。

㉒根据美国1939年《信托证书法》(the Trust Indenture Act)的规定，公募公司债券中修改基本清偿的条件需要全体成员的同意。

㉓《美国联邦破产法》第363条(f)款。

㉔《美国联邦破产法》第365条。

㉕这让我想起日本的庭外重组与法定程序的差异。除本文的记述外，免责、撤销欺

诈性转让等都体现了互换报价与预重整的差异。即便是税款问题，在互换报价中通过将债务销账发生的所得（cod 所得）被计入债务人的所得总额，但根据债务人是否是资不抵债，其作为所得的对待程度有所不同。

㉖《美国联邦破产法》第 547 条（b）款规定，在申请破产程序前 90 日，针对内部人士 1 年内发生的行为可以作为偏颇行为加以否认。第 548 条的欺诈性转让也将期限设为自申请之日起 1 年以内。然而，以此为撬杠与债权人协商并说服他们也是一种办法。

㉗关于本文没有记载的问题，参见阿部信一郎「米国におけるプレパッケージ型再建手続について」国際商事法務 31 巻 3 号（2003 年）309 頁以下。

㉘《美国联邦破产法》第 1125 条规定，申请破产程序后，只要是基于经破产法院批准的披露声明，善意且遵守联邦破产法的劝诱行为，就不被追究责任。另外，第 1126 条规定，为使申请破产程序前的劝诱行为适当，该劝诱必须符合破产法以外的法律、规则、规制等，因此没有设置“安全港”。

㉙即便没有陷入再次劝诱的事态，也有可能给反对再建草案的债权人机会以找寻一些理由延迟预重整程序。

㉚In re Pioneer Finance Corp, 246B. R. 626 (Bankr. D. Nev. 2000).

㉛最近，也采用不含投票义务条款的意向书与计划支持合意书的形式。这是因为特拉华州破产法院在一个案件中认为，固定协议会约束债权人的独立判断，因而判定签署固定协议的债权人不适合担任债权人委员会的成员。

㉜最新的案例中，面临 10 万件以上的石棉起诉的刚果（Congoleum）公司于 2003 年 12 月 31 日在新泽西州特伦顿申请第 11 章程序，其资产约 200 亿日元、负债约 215 亿日元。

㉝如果债务人是上市公司，那么通过财务信息公开，债权人能在早期获取债务人拒绝履行债务等信息。

㉞在日本，问题出在主要银行不轻易公开债务人的信息，所以不能在早期着手再建以及进行债权人间的协商，但这种惯常做法也开始有了变化。

㉟债权人小组指名几个有名的律师事务所，让它们为争取代理而展开推销竞争。财

务顾问也同样竞标决定。被选任的律所及顾问,签署保密协议后方能开始协商。银行团体由代理银行决定,公司债权则由债券管理公司决定。值得注意的是,这些专家的费用由债务人负担。

㊱In re Zenith Electronics Corporation,241B. R. 92(Bankr. D. Del. 1999).

㊲In re Birmingham Steel, Bankr. D. Del. 2002.

㊳可以向重要交易人进行支付必须满足以下三种情形之一:(1)出于债务人业务需要且价格适当的场合;(2)出于债务人业务需要,且如果供应商债权人不接受清偿就面临破产的场合;(3)债权人因在破产法院管辖外,自动停止制度不发生效力的场合。除此之外,还需满足对债务人来讲是和原先相同或者更为有利的信用交易之要件。最近也有人指出因为法院不做详细调查,所以开始出现向不重要的交易债权人进行支付等权利滥用现象。

㊴《美国联邦破产法》第1126条(f)款。

㊵《美国联邦破产法》第501条(a)款、《欧盟破产规则》第3003条(c)款(3)。

㊶《美国联邦破产法》第1129条(a)款(11)。

㊷几乎在所有的州,未支付工资均被视作犯罪,破产不能成为借口。而且,在没有向政府支付预扣所得税以及其他税款的场合,负责支付人个人将被处以100%的罚金。

㊸The 2003 Bankruptcy Yearbook & Almanac,BankruptcyData. com.

㊹关于这一点,参见前注㉗「米国におけるプレパッケージ型再建手続について」311頁。未在此作为参考的论文有Lynn Lopucki and Joseph W. Doherty, Why are Delaware and New York bankruptcy Reorganization Failing?, Vnd. L. Rev. 1933 (2002)。

㊺参见《美国联邦破产法》第364条。关于特殊保护内容,参见前注①高木『アメリカ連邦倒産法』109頁以下。

㊻《美国联邦破产法》第363条(c)款、(e)款。

㊼对于现有的金融机构来讲,在自己不提供DIP融资而由新的金融机构提供的场合,有可能遭遇新融资取得顺位优先于既有担保权的担保权风险(等同于或优先于既有担保权、《美国联邦破产法》第364条)。

㊽Insolvency Act 1986 Part Ⅱ, Insolvency Rules 1986 Part 2.

㊾破产专家(Insolvency Practitioner),具有破产业务从业资格,是英国独有的制度。

㊿新法规定了三个目的:第一,通过持续经营挽救企业;第二,得出比起清算对全体债权人更有利的结果;第三,为给担保权人与优先权人进行分配而谋求财产的现实化。如果不能达到前两个目的,企业管理人只能追求第三个目的。参见 Rebecca Jarvis, The Enterprise Act 2002: A Way Forward for UK Corporate Rescues? INSOL WORLD, Second Quarter 2003, 28 頁。

51在缩短时间方面,如本来企业管理人必须在选任后 3 个月内召开债权人会议讨论申请书(statement of proposals),现在缩短为 10 周以内。而且,企业管理人自选任起 12 个月之后自动解任。在节约费用方面,省略了程序申请时必要的若干行为。例如,债权人无须准备报告的记录以及与债务人企业相关的单独书面文件,债务人企业经营层能够自己选择企业管理人。上述内容参见前注㊿,第 28 页。

52顺便说一下,前注⑨第 2 页,列举了在与出租人的关系中,债务人的权限也得到强化的例子。不像以前要到法院申请管理命令,现在只需文件归档即可,出租人不能再任命财产管理人(property receivership)的申请中也涉及这一点。实际上,于 2003 年 9 月 23 日,作为浮动担保债权人的某企业(Grant Thornton)被英国票据结算银行选为企业管理人,不仅可防止在其他程序中可行的债务人的清算处理和出租人实现担保权,同时可以再建企业。如上所述,以往的程序是,该银行聘请管理受托人实现权利。

53The Companies Act 1985 sections 425 – 7.

54法院研究程序的公正性,听取异议,并决定重整计划是否公正且正当。尤其要注意的是,是否基于共同利害关系妥当地进行了分组,重整计划草案的接受是否适当。

55参见 Vanessa Finch, CORPORATE INSOLVENCY LAW, CAMBRIDGE (2002), 324 頁。

56如担保权的消灭、限制实现担保权、变更对担保权人的支付等。

57The Insolvency Act 1986 sections 1 – 7.

58同上, section 4(3).

⑲Insolvency Act 2000 Sched. 2, para. 5.

⑳中小企业存在负担巨额程序费用的问题。参见前注⑮，第 334 页。

（张婷、房静文 审校）

美国与英国的事业再生金融

[日]河合祐子*　[日]出泽贵典**
[日]林康司***　著
崔延花****　译

引　言

在2003年11月29日召开的事业再生研究机构的研讨会上，该机构下设的金融委员会（秘书处设在日本银行金融市场局）的部分成员以在美国、英国的调研中收集的信息为中心，就各国的事业再生过程、相关融资形式及其对日本的启示作了梳理。

《事业再生融资》（事业再生研究机构编）中已详细记述了调查结果，本文将围绕研讨会上的主题，[①]概括预重整（广义包含“事先协商”）的相关内容。

组建金融委员会的起因在于探讨如何建立债权人

* 日本银行金融市场局金融市场课。
** 日本银行金融市场局金融市场课。
*** 律师。
**** 中国政法大学外国语学院副教授。

易于融资给债务人企业的机制,因为债务人企业的事业再生与“资金筹集”是分不开的。日本采用以主交易银行为中心的融资模式,对信用下跌的债务人企业予以实质性融资。但是,基于各种原因,目前这种模式有时也不能奏效。因此,日本也逐渐注意到欧美,尤其是美式重整程序中的 DIP(debtor in possession)融资。

在申请第 11 章程序阶段债务人财务状况尚处于混乱时,美国的 DIP 融资具有帮助债务人筹集资金、提高债务人信用的作用。法院在申请第 11 章程序当天批准 DIP 融资的情形较多,因为大部分债务人在申请第 11 章程序之前已经与投资方进行事先协商并达成了协议,所以其无须等到起草重整计划草案阶段。故而,为了得到融资,必须进行事先协商。

另外,与美国相比,介绍英国事业再生实际情况的文献并不多。英国事业再生的主流形式为庭外重组,原则上融资也是通过当事人协商解决的。但是,近年来信用风险交易的形式呈现多样化,仅凭庭外重组很难与债权人达成合意。因此,英国采取了将庭外重组与司法重整合二为一的方式,该方式被称为“广义的事先谈判”(事先协议型)。

一、美国的事业再生融资

(一)第 11 章程序与融资的流程

美国的事业再生,是在庭外重组或者《美国联邦破产法》第 11 章法定程序中择一进行的(见图表 1)。第 11 章程序被称为导向(pro-debter)债务人的程序,在申请第 11 章程序后,公司的经营管理层依然继续经营、占有,采取债务人自行管理的模式。此外,申请第 11 章程序有自动停止(automatic stay)的效力,即进入程序之后,程序之前的债权自动停止,债务人为筹集资金进行新的融资,并优待新融资的 DIP 债权人。美国的 DIP 融资,是指从程序申请到退出(exit)[②]的期间(图表 1 的阴影部分)所提供的融资。

图表1　第11章程序与融资的流程

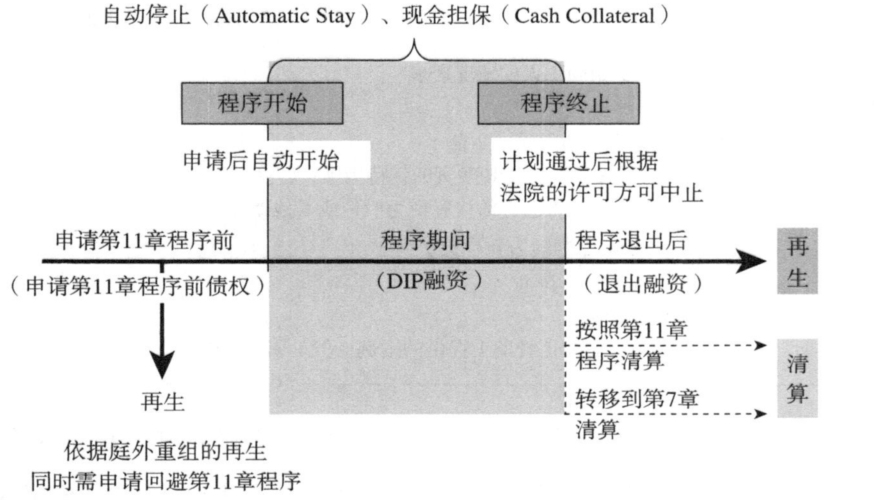

（二）第 11 章程序各阶段的融资

根据第 11 章的程序，企业再生融资大致可分为 3 个阶段（见图表2）。在申请第 11 章程序前已存在的融资等债权，在申请第 11 章程序的同时自动停止，之后根据重整计划草案进行整理。根据法律规定，从申请到退出程序的期间所提供的 DIP 融资适用最优先顺位获得偿还。退出程序后，债务人得到的融资就失去了法律的保护，变成通常的企业融资，称为“退出”融资。

在美国，重整计划草案得到批准后，法院不等重整计划草案执行，就会宣告终止程序。根据重整计划草案，申请第 11 章程序前的债权虽条件发生了变动，但并未偿还。所以，DIP 融资覆盖的范围原则上是从债务人基于其状况起草草案后，与债权人协商获得同意，到法院批准草案的期间。

图表2　第11章程序各阶段的融资

· 程序开始前的债务人、程序中的债务人（DIP）、退出程序后的债务人3种类型的处理
· 债权人（股东）为同一人的情况居多

已有债权人

—提供DIP融资：防御型（主流）
←将已有债权转移为DIP融资的优待措施：转换
—提供EXIT借贷，将已有债权置换为股份或其他债务（DES，DDS）

新债权人（原则上判断为新投资）

—提供DIP融资：进攻型
—提供EXIT借贷
←也有由新股东（赞助）提供的案例，但是属于例外

在第三阶段的融资中，债权人相同的情况很多。申请第 11 章程序前已有债权人提供的 DIP 融资称为防御型，是 DIP 融资中的主流。相对于防御型，新债权人提供的 DIP 融资称为攻击型。在攻击型 DIP 融资中，特别是当债务人的规模较小时会出现一种例外情形——转让营业或作为新股东的投资人成为债权人。

（三）关于 DIP 融资的优先——法律规定

众所周知，对于 DIP 融资债权人，法律给予了优厚的保护（见图表 3），有优先于所有共益债权的超级优先权和可以设定优先于已有担保权的超级优先担保权。这些超级优先权在 DIP 融资合同约定后，经法院批准生效（法院并非一定批准 DIP 融资）。DIP 融资基本上都被赋予了超级优先权，而且大多数合同都设置了超级优先权相关条款。

图表3　关于DIP融资的优先——法定

· 根据第364条取得信用

（a）作为共益债权的无担保借贷（一般业务范围内）

（b）作为共益债权的无担保借贷（一般业务范围外）

（c）（1）超级优先权

（2）对没有设定担保的资产设定担保

（3）对设定担保的资产设定后顺位担保权

（d）超级优先担保权

→对DIP融资债权人的激励

(四) DIP 融资以附担保为原则

大部分 DIP 融资(尤其是在大型案件中)都是附担保融资,即资产融资,而对一般利率条件[3]的 DIP 融资则以变价处分的清算价值为基准来评估资产并设定担保。

DIP 融资的金额虽然以信用额度的形式公布,但实际上,债务人的借贷上限是评估担保并乘以其变现价值之后得到的数额(称为“borrowing base”,即借贷基准)(见图表4)。

图表4　DIP融资以附担保为原则

· 贷款上限为担保借款限额（borrowing base）

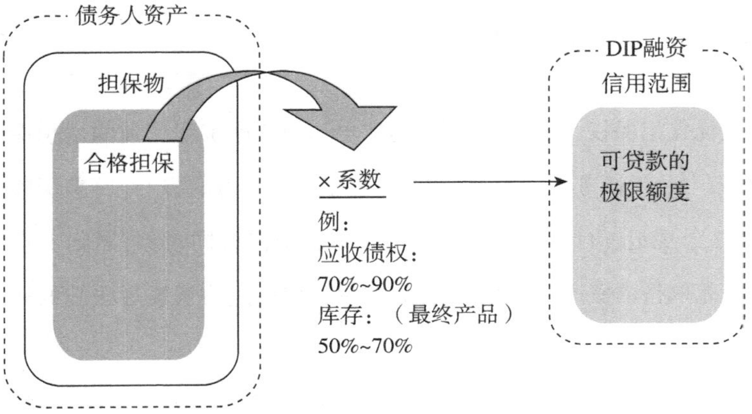

在 DIP 融资中，也有无担保或不按担保价值作为基准的融资。DIP 融资利率高，而且出借人多数不是大型金融机构，而是基金公司等以高回报（高风险）为目标的投资者。

（五）优先申请第 11 章程序之前的债权——实务操作

虽法律未规定，但部分州已在实务操作上通过优待申请第 11 章程序之前的债权的形式，来提高防御型 DIP 融资者的积极性（见图表 5）。然而，无论采取何种形式，都要经过债权人与债务人的协商，并由破产法院根据需要予以认可。

图表5　优先申请第11章程序前的债权——实务操作

· 超级优先担保条款
　—在合同上约定对于债务人在申请第11章程序之后取得的财产给予申请第11章程序前债权的担保（突破第522条）
· 以旧换新（roll-up）条款
　—将部分DIP融资的借款用于清偿申请第11章程序前的债权

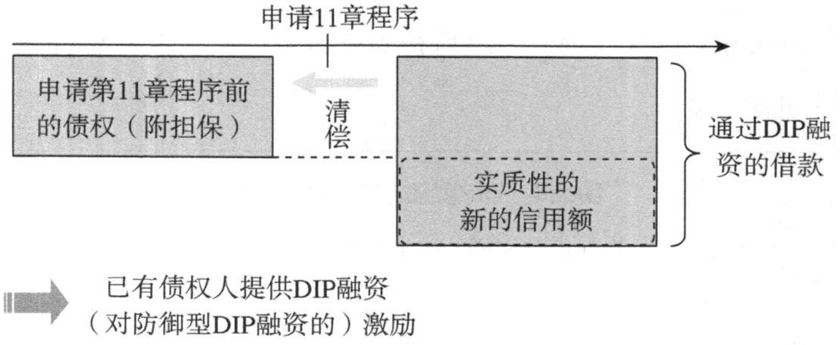

超级优先担保权，是指在合同上约定申请 DIP 融资程序前的原担保权人的担保，其效力及于债务人在申请第 11 章程序之后取得的资产。《美国联邦破产法》第 522 条规定，申请第 11 章程序前设定的担保合同对象，原则上不涉及申请后债务人取得的资产，然而超级优先担保可以通过协议或者法院的认可突破该法律规定。

以旧换新（roll-up），是指在合同上约定用部分 DIP 融资偿还申请第 11 章程序之前的债务。从债权人的角度而言，这是十分有益的规定，其可以将重整计划草案中的重整对象债权提升至拥有超级优先且退出程序时优先受偿的DIP融资的地位,还可以消除申请第11章程序前设定的担保被否认的风险。

(六)法院指引提供程序的可预见性

对于当事人之间的合意是否有利于申请第11章程序之前的债权人,不同的法院有着不同的态度。既有一开始就不承认这些特殊协议的法院,也有制定指引公布认可要件的法院(见图表6)。无论法院采取何种态度,指引都能够提升利害关系人对程序的可预见性。

图表6 法院指引提供程序的可预见性

· 代表性法院
  —第11章程序申请地域不均衡(特拉华州、纽约州)
· DIP融资的批准方针
  —申请许可必要的书面文件和记载事项
  —例外项目(包含超越法规的实务操作项目)的批准要件
    · 超级优先担保
    · 以旧换新(roll-up)
    · 认可既有债权的有效性
    · 创业等
  —法院的许可样式

为程序的可预见性做出了巨大贡献

众所周知,纽约州南部地区破产法院是依据第11章程序受理案件数量最多的法院。该法院不仅制定了融资方面的指引,还公布了其他的法院实务指引,其中包含了关于预重整程序的批准要件。[4]在事业再生案例较多的美国,法院、实务专家、主要债权人各自都积累了相关经验和技巧,但除去他们的丰富经验,毫无疑问,法院的方针在程序进展中亦成为重要指引。

根据指引,利害关系人可以预测法院是否会批准DIP融资,可以一同推动并协商,提前做好准备。

(七)提供DIP融资的程序

如前所述,法律对DIP融资的债权人给予保护,但是在防御型DIP融资的情形下，有的法院给予申请第 11 章程序之前的旧债权人优先地位。这些法律规定以及实务上的处理，都是基于对 DIP 融资在事业再生中重要性的充分认识。

DIP 融资不仅担负着进入程序之后到程序终结前的资金周转，还发挥着弥补债务人信用的重要作用。大多数 DIP 融资虽然设定了信用额度，但与规定一定期间的债务人定期贷款不同，其经常有只设定信用额度而不实际提供资金或只提供极少额度的情形。在申请程序期间，债务人的信用度最令人不安，因此，债务人表现出能够确保有充足的资金周转是很重要的。在申请程序前，债务人和旧债权人与 DIP 融资债权人的“候选人”进行协商，并在一定程度上确定协议的内容，然后再与联邦财产管理人（US Trustee）进行事先协商，申请第 11 章程序的当日，由依法被赋予一般债权人代表或代言人地位的管理人向法院一并提交申请程序的材料和申请 DIP 融资许可的材料。当法院做好充分的准备，只要当事人之间达成的合意满足要件，就会在当日发出中间命令（interim order）批准部分或者全额的 DIP 融资（见图表 7）。

图表7　提供DIP融资的程序

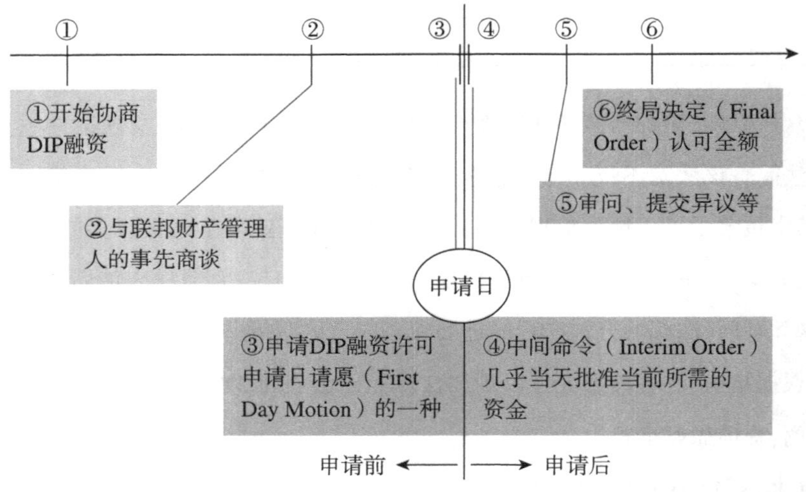

即便不存在预重整、预谈判等与企业重整计划草案相关的事先协商，为获得融资而进行的事先协商也要照常进行。进入程序前的 DIP 融资协商及退出程序时的 EXIT 融资协议概要（“dual commitment”，被称作对 DIP 融资与 EXIT 融资双方的承诺），均由债务人在预重整程序中以重整计划草案形式制定并提交，但事先需经法定多数旧债权人的同意。在预谈判中虽无须征得法定多数同意，但仍需多数决意。在申请第 11 章程序前的阶段需要事先协商申请程序后的融资或重整计划草案内容的原因在于，方便债务人预测进入程序后当事人的事先合意是否能够得到尊重。从案例的积累和法院的指引等可以看出，事先协商行为并不会徒劳，这是美国事业再生融资的最大特点。

（八）第 11 章程序与 DIP 融资

美国的公司重整程序，特别是债务人为大企业的重整程序中，重整初期阶段的关键人物并非股东、营业受让人等重整投资人，而是补充当前资金流动性的债权人。财务状况出现问题的早期阶段存在相当多即使着手重整依然不需要注入资金的事例，因为股权（equity）的投资回报利率比债权（debt）要高（见图表 8）。

图表8　第11章程序与DIP融资

- 并非企业经营重整方，而是债权人成为中心
  - —（大企业）事业再生的钥匙并非成本高昂的股权而是债权
  - —高收益投资者夹层性无担保融资
- 程序前的协商
  - —（大企业）最初的事先协商对象是DIP以及申请第11章程序前的债权人（并非寻求企业经营赞助者）
  - —在DIP融资的当日认定以事先协商为要件（包括与财产管理人的商谈）
- 事业再生融资（DIP、EXIT）为债权人的<u>收益机会</u>
  - —申请程序之前债权的保全
  - —新债权本身成为收益的源泉

若重整企业的规模很大，则营业转让的对价金额或新股东投资的资本是不足以补充资金的流动性的。而且，在企业并购（M&A）中，尽调企业经营状况需

花费大量时间,在寻找营业转让的受让人期间,企业价值会遭受损害。即重整企业需要通过立即实行 DIP 融资(或公布协议的存在)的形式,来应对利益相关者对企业信用抱有的不安,并与供应商持续交易,在维持企业经营的同时稳步制定重整计划草案。

在 DIP 融资中,投资人通常提供无担保 DIP 融资以谋求高利息(高风险)回报进而成为债权人。这种融资介于股份与附担保融资之间,虽然成本很高,但"聊胜于无"。因而,重整企业偶尔会借入这类资金,推进重整程序。

因此,申请第 11 章程序前的协商,应从确保 DIP 融资开始。在预重整与预谈判涉及的重整计划草案中,营业转让、新股东也会成为协商对象,但协商[5]的核心对象仍是主要融资债权人。

如此,在公司重整程序中发挥重要作用的 DIP 融资,对债权人来说也是重要的收益机会。以旧换新、超级优先担保保全、回收申请第 11 章程序之前的债权,成为 DIP 融资债权人参与重整程序的方式。在提高已有债权清偿率的同时,DIP 融资本身也伴随风险,或者说其可以称为能够收取更多手续费与利率[6]的金融产品。DIP 融资的收益性还体现在进攻型债权人,近年来,特别是非银行机构的交易余额正在增多。

DIP 融资的手续费与利息由债务人的破产财团支付,即从清偿申请程序前债权人的资金中支付。法院不会在没有正当事由时,认可较高利率的发生。申请第 11 章程序前的债权人认为,即使承担成本费用,只要重整债务人持续经营企业,就能提升企业价值、提高清偿率。所以,债权人的同意成为法院予以批准的重要判断依据。

一般认为,第 11 章程序的弊端在于:不仅 DIP 融资的成本高,包括律师等专家费用在内的程序所需费用也很高昂,且程序期间也较长。[7]程序期间越长,DIP 融资的期间就越长,成本也会增加。尽量缩短程序期间的方式,就是进行预重整、预谈判。此外,为获得 DIP 融资而进行的事先商谈,也可以防止因申请时重整债务人的不良信用而带来的混乱,使相关人员能够迅速集中精力详查债务人状况并制定方案。

(九)对日本的启示

美国与日本的事业再生现状有很大差异,不能简单地认为美国运用法定程序的数量更多就是更“先进”。在日本,以主交易银行为中心的庭外重组与司法程序相比成本更低,因此可以发挥更大的作用。日本的庭外重组中,也可以看到主交易银行设定充分的信用结构维系交易方以支持企业的持续经营,即如同美国 DIP 融资。目前,由于银行的一些原因,虽然以往其主导的支援未必发展顺利,但仍一直致力于重整企业(见图表 9)。

图表9 对日本的启示

· 有何不同(制度的运用)
  —DIP融资的法律保护(最优先救济性、超级优先担保权)
  —程序的可预测性
  —担保法
· 有何不同(实体论)
  —破产的时机
  —投资者群体的雄厚
· 债权人与事业再生
  —债权人委员会
· DIP融资的功能
  —股份(赞助者)还是融资(债权人)

在与美国法律制度相比较时,大家通常列举第 11 章程序中 DIP 融资的最优先救济性与超级优先担保权制度等,认为如果没有这些制度,DIP 融资在日本根本无法扎根。但在美国实务中,一般附担保融资并非一定根据第 11 章程序的规定或特别的司法程序贷款。倒不如说,关键问题在于担保法律制度的不同。[8]从利害关系人角度而言,美国法院的实务指引等已经提供了可预见程序的依据,[9]尤其申请第 11 章程序前的协商、合意,已成为重要的业务。日本的预重整型事业再生,同样应在事业再生融资方面意识到这一点。

实际上，企业破产的时机在日美有所不同，美国更习惯尽早着手重整企业，这一点不言自明，而且支撑多种多样DIP融资的投资者群体的存在也是美国的特征。这些情况不仅存在于融资方面，而且贯穿整个事业再生，这并非一朝一夕就能够得到解决。然而，该问题在日本社会已经得到广泛共识，日本正摸索不同的改善方式。

另外，应进一步认识日美之间的差异。在美国的公司重整程序中，债权人发挥的作用很大。申请第11章程序前的债权人，以银团为中心组建融资债权人委员会，积极参与制定重整计划草案，提供DIP融资，回收债权。DIP融资的功能也颇为巨大，可以说没有债权人的协助，企业的重整相当困难。

目前在日本，债务人与债权人之间的交涉与协商，以及债权人之间的交流与协调并不充分。如今，各银行正在启动信用不良企业的再生业务，同时，融资市场上的银团贷款也开始发挥作用。因此，日本可以同美国一样，期待债权人的积极参与。

DIP融资功能给日本的启示如下：虽然日本债务人进入法定程序（或者庭外重组）的时机并非像美国在早期阶段，但在日本的企业重整中，DIP融资对于营业受让人与新股东依然存在重大意义。即便DIP融资不足以弥补债务人信用，但DIP融资期间有足够时间选定重整投资人，尤其是大型企业——即便找到了投资人，仅凭其提供的资金也有可能无法确保充分的流动性。

二、英国的事业再生融资

（一）破产法的特征与历史沿革

英国的破产法律制度主要关注的是以担保为基础的融资惯例，即通过担保的实现来回收债权。在英国，除不动产、固定设备可以作为固定担保（flexed charge）外，还存在以其他流动资产（商品、库存、应收账款等）作为担保标的物的浮动担保（floating charge）制度。融资债权人适用这些制度时，可以将债务人的几乎全部资产作为担保抵押。债务人破产时的程序，基本上就是金融机构回收债权，在此过程中债务人在可能的范围内寻求企业重整。英国破产法被认为导向债权人(pro-creditor)的缘由就在于此(见图表10)。

图表10　破产法的特征与历史沿革

· 债权人保护（pro-creditor）、银行中心主义
　—以担保为基础的融资惯例
　—作为债权回收工具的破产程序
· 破产法制度的演变
　—来自欧盟各国的批判、对美国型企业再建的警戒
　—作为“救济文化”的企业再建

日本国内外都有批评指出，英国破产法将本该重整的企业也逼入破产的境地。以1978年《美国联邦破产法》第11章程序的制定为契机，英国也意识到了构建以企业再建为目的的法律制度的必要性。受到这一趋势的影响，英国于1986年制定了《英国破产法》(Insolvency Act)。如今，除了这部破产法，英国还规定了根据公司法、企业经营法进行企业清算或再建的各种程序。各种制度的详细内容，请参见中岛教授的论文。[10]就整体特征而言，英国除小规模的债务人企业外，不存在同时提供DIP(债务人自行管理)融资和相当于第11章程序的自动停止制度。而且，就程序期间的新融资而言，也没有能与第11章程序相匹敌的保护DIP融资的规定。[11]

(二)从企业再建的角度审视破产法的特征

英国虽完善了相应法律制度，但这些法律制度并未得到广泛的运用，申请再建型程序的案件数量停滞不前。相关法律制度很少被运用的原因在于，企业管理(administration)费用负担与程序负担的繁重、企业自愿整理中的延缓支付效力的欠缺等。在对破产制裁严格的英国，申请法定程序会使企业价值急速降低，这也是再建企业很难得到新融资的重大原因之一(见图表11)。

图表11 从企业再建的角度审视破产法的特征

· 对限制担保权人（总括性担保权人）予以抵抗
· 难以在司法重整程序中给予资金提供者以优先权
· 在法定破产程序中对企业价值恶化的应对不够充分
· 对破产企业经营者的制裁（剥夺董事资格等）严格
· 破产实务专家（insolvency practitioners）的参与

(三)庭外重组的发展

如此,以企业再建为目的的法律运用停滞不前,而且受20世纪70年代破产案件增加的影响,英国实施了由英国中央银行(Bank of England,BOE)主导的庭外重组措施。该措施最初的形式是:存在问题的企业与BOE直接对话,BOE从中斡旋并与债权人银行团协商,停止回收企业再建所需的已有融资并安排新融资。这些措施的目的是,在银行处理不良债权之际,通过协助庭外重组将银行的损失减少到最小,同时避免将存在再建可能的企业逼入清算的境地。

20世纪80年代后,金融市场开始全球化,对企业进行融资的银行也走向国际化。在激烈的竞争中,随着融资余额的增加,英国经历了新的不景气,企业破产处理再次成为当务之急。BOE的参与形式不同于20世纪七八十年代,它并不主导程序,自始至终只有在债权人银行的合意不能很好地形成时,它才作为公正的居间人(honest broker)听取银行团情况并提供咨询。这就是所谓的伦敦方式。

随着债权人之间庭外重组原则落实,企业活动与金融市场国际化不断推进,不成文的伦敦方式脱离BOE,纳入民间团体国际破产协会(INSOL)公布的庭外重组八大原则之中(见图表12)。

图表12　庭外重组的发展

企业再建法制的不完备
20世纪70年代的不景气造成企业破产的增加

↓

· 拥有银行监督权的BOE主导的庭外重组的发展

↓ 银行的过当竞争、1989年以后的萧条

· 伦敦方式的形成

↓ 国际案例的增加

· 体现在国际破产协会庭外重组八大原则之中（明文化）

现在，英国的庭外重组大致遵照庭外重组八大原则进行。BOE 基本不直接参与，这在国际案例中也不例外。在英国这种在法律上、社会上都对破产严厉制裁的国情下，能够秘密推进程序的庭外重组可以说是比较恰当的方式。

（四）国际破产协会庭外重组八大原则

众所周知，日本制定庭外重组指引，参照了国际破产协会庭外重组八大原则（见图表 13）。既然是庭外重组，就只约束根据指引同意程序的债权人（以及债务人）。重点是程序进行期间停止回收已有债权（第一、二原则）、共享信息（第五、七原则）、新融资的清偿优先性（第八原则），以及在债权人之间根据其债权余额相对应的比例分担损失（收益）原则（第六原则）。

图表13　国际破产协会庭外重组八大原则

第一原则	债权人给予债务人停止回收期间
第二原则	停止回收期间禁止债权人行使权利，除出售外禁止降低风险程度
第三原则	禁止债务人实施减少资产价值的行为
第四原则	组建债权人委员会、任命顾问
第五原则	债务人对债权人（顾问）的信息披露义务
第六原则	确保债权人之间的平衡性（维持已有债权请求权、担保比例）
第七原则	债权人之间共享信息、对外部的守秘义务
第八原则	停止回收期间新融资的清偿优先性

(五)庭外重组期间的"停止回收"

在庭外重组中有两个与融资相关联的重要话题,即停止回收与新融资的清偿优先性。停止回收是指以当事人合意为基础,通过禁止债权人回收债权与实现担保,促使与基于法定破产程序的停止救济乃至保全措施等类似的效果发生。

停止回收只在庭外重组期间有效。在此期间,需细查债务人的财务状况,只有当债务人具有再建可能性时,才可以推进再建草案的制定。停止回收合同是包含特约条款[12]的债权人与债务人的合意,对特约条款的违反通常可能导致移至法定程序。在多数情况下,债权人会通过增加费用和提高利率(见图表14)作为停止回收的补偿。

图表14　庭外重组期间的"停止回收"

第一原则　债权人给予债务人停止回收期间
第二原则　停止回收期间禁止债权人行使权利，除出售外禁止降低风险程度

· 已有债权的禁止回收（standstill）
　—禁止回收合同（standstill agreement）
　—通过特约条款早期结束
　　合意不仅限于禁止回收
　—3个月的期间
　—费用和利率

(六)庭外重组期间的"新融资"

就庭外重组程序的特征而言,基本上在所有有关新融资的案例中已有债权人团(或一部分)都会成为债权人。新融资的优先清偿性一般通过合意将已有融资的担保挪作新融资,或用债务人处分财产得到的出售款项清偿新融资等方式(见图表15)实现。截至目前,未出现新融资债权人在庭外重组程序中遭受损失的案例。

图表15　庭外重组期间的“新融资”

第八原则　停止回收期间新融资的清偿优先性

· 提供新融资（new money）
　—已有债权人进行新融资
　　优先地位基于任意协议（inter credit agreement），因此实际上优先仅限于达成合意的债权人
　—担保的设定
　　不被否认的惯例

（七）庭外重组的问题点——新的信用风险交易

由 BOE 主导的 20 世纪 70 年代到如今，庭外重组虽然形式在变化，但在英国依旧是具有实效的企业再建方式。然而，随着金融市场的变化，以往庭外重组的框架也面临着挑战。例如，公司债权人的增加、贷款二级市场的发展、信用衍生品与证券化等新型金融产品的出现。

1. 公司债券

庭外重组是基于债权人与债务人合意的程序，所以债权人不特定，庭外重组就无法成型。债券持有人与融资债权人相比，人数众多，很难特定。而且与银行融资债权人不同，债券持有人无法齐心同意，庭外重组很难实现。随着企业金融多样化的推进，发行公司债的融资余额和比例都在增加。“不进行庭外重组圆桌谈判的债权人”的增加，使庭外重组程序变得困难。

2. 转手交易

贷款的转手交易，是指原债权人在融资期限届满前，将债权转让给其他债权人的交易。作为受让人的新债权人不一定与原债权人一样是银行，也有很多是投资不良债权的基金公司。通过转手交易，原债权人就可以规避融资的风险，不用参与债务人企业的重整程序而回收与出售款额度相差不多的债权。转手交易的价格，是通过评估转手时点的债务人的财产价值与重整可能性来计算的，对于利益相关人来说，其价格本身就具有信息价值。转手交易

的优势在于，新债权人往往是企业重整的专家，由其主导，庭外重组将进展顺利。

另外，转手交易也会给庭外重组带来消极影响。在融资已经不良债权化之后的交易中，转让价格大幅低于面值金额会给新债权人带来特有的积极性。我们来假设以下情形：有 5 个债权人各提供了面值 1000 万英镑的融资，其中 1 个债权人将其融资以 40% 的面值出售给了新的债权人。依旧是融资债权人的另外 4 个债权人，为了尽可能收回贷给债务人的 1000 万英镑，设法使债务人企业重整，使清偿率接近 100% 。与此相反，对于支付了面额的 40% 即 400 万英镑的新债权人而言，企业清偿的价额只要高于自己的取得价格即可，所以即使最终的清偿率很低，新债权人也会主张尽快将债务人的资产进行变价处理以获得债权清偿。而且转手交易的结果因债权人发生了变化，原来的 5 个债权人推进的商谈也将面临“重来”的局面。

3. 信用衍生品

信用衍生品与融资保证相类似，代表性的结构是：如果指定的企业资不抵债或破产，卖方[13]将以现金支付买家面额价值的 100% ，收购与面额价值相当的贷款与债券。与贷款转手交易相同，对融资债权人来说，信用衍生品是能够灵活地规避债务人信用风险的手段。

通过信用衍生品交易来规避信用风险的融资债权人，很有可能促使法院尽早认定债务人的破产与资不抵债并以此获得清偿。庭外重组的重点在于，看清债务人企业的重整可能性、制定重整计划草案的时间，而并非公开推动。因此，信用衍生品交易可能无法取得一部分融资债权人的协助。

实际上，即使是利用信用衍生品规避风险，如果不协助庭外重组，对银行也会造成声誉风险，而且通常债务人的信用风险也会残留在银行的资产负债表上。[14]所以，庭外重组因存在信用衍生品交易而以失败告终的案例至今尚未出现。然而，随着债券持有人的增加，转手交易的新债权人的出现，加上信用衍生品交易等,债权人多样化应该是庭外重组今后的研究课题。

庭外重组可与法定程序衔接以提高其有效性。通过庭外重组,在一定程度上做好起草重整计划草案以及取得主要债权人同意的准备,最终在汇总债权人的同意阶段,利用法定程序使多数表决带有强制力。近年来这种案例有所增加,此外还出现了在美国设有营业地的欧洲企业,利用第 11 章程序寻求企业重整的案例。

庭外重组和法定程序相结合的架构,对于目前还习惯于通过银行支援进行庭外重组的日本有很多启示。未能按照庭外重组的指引达成债权人的合意而再申请法定程序的案例也为数不少,积极推进申请法定程序之前的相互协商,如不能达成 100% 的合意,则应积极地适用法定程序(见图表 16)。

图表16　庭外重组问题点——新的信用风险交易

· 债权人的多样化
　—债券持有人
　—借贷二级(买卖)市场的发展
　—信用衍生品、证券化
· 庭外重组的框架与冲突

解决之路
与法定程序相结合(少数派的冷静)
利用美国第11章程序(程序的明确化)

这种思路正符合本书的主题。可以说无论是英国型还是美国型,债权人、债务人及其他利害关系人的事先努力,都会在法定程序中得到尊重和回报。在英国,已经确立了如下惯例:在法定程序中不得否认按照国际破产协会庭外重组八大原则企业事先协商的再建(如给予新融资担保)事项。

（八）对日本的启示（见图表 17）

图表17　对日本的启示

- 不存在第11章程序，对破产的社会制裁也很严格
  →债务人进入法定程序之后有何激励?
- 没有银团贷款的框架
  →即便如此也存在债权人委员会
- 不同种类债权人的汇总
  →出现庭外重组不能顺利推进的情况
- 仅以国内银行与基金公司、重整投资人无法完全应对融资需求
  →吸引海外投资人、债券投资人
- 对国际案例的处理

英国的事业再生法律制度、惯例、实务与美国有着很大的差异，英国针对"破产"的社会制裁很严，《英国破产法》被认为是以债权人的债权回收为基础的法律。即便是在已经形成了事业再生文化的现在，英国也没有形成如同美国第 11 章程序那样激发债务人自发地开始重整的制度。另外，英国还存在债权人即使对债务人进行清算也要早期回收债权的惯例。

英国以庭外重组为手段的事业再生框架是以债权人为主导的。在第一阶段，英国将通过清算实现早期回收替换成了"姑且先探讨重整的可能性"。遵循国际破产协会庭外重组八大原则，以债权额最多的债权人为中心，债权人间相互协作，按比例分担与债权额相对应的损益（按比例分配）的原则也得到了彻底的贯彻。

英国的主交易银行虽然也承担相应的责任，但与日本不同的是，放弃债权率并未导向主交易银行。日本与美国一样，银团贷款并不多，但是债权人之间会自然协商。一旦判断企业不可能重整或庭外重组受挫时，就应立即转移到法定程序。在日本，以主交易银行为中心的庭外重组渐渐变得困难，因此，笔者认为应引进英国型庭外重组模式，加深债权人之间的协作，探索公平分担的方式，若庭外重组不顺利就转至法定程序。

另外,随着金融市场的发展,债权人呈现多样化,英国的庭外重组难以达成100%的合意。日本也面临同样的问题,出现了公募债券的发行主体申请法定程序的案例,甚至在二级市场基金公司等投资者购买贷款与债券的现象也不足为奇。企业债务结构的复杂化,在企业再建过程中有时起消极作用。另外,随着资金筹措方式的多样化,债权人成为投资者的情况增加,也存在事业再生所需的资金周转变得畅通的优势。应参考成功引进高风险、高回报的海外投资者的经验,将其有效运用到日本的事业再生融资之中。

①本文中的图表由研讨会中展示的课件修改而成。

②"终止再建程序、企业实现再生"的"exit"本文翻译为"退出"。——译者注

③附担保 DIP 融资的平均条件为"预付费用:1.0% ~2.0%,未执行承诺费用:0.375% ~0.5%,执行贷款利率:Libor+(3% ~3.5%)"。

④General Order 201 in the Matter of the Adoption of Prepackaged Chapter 11 Case Guidelines, United States Bankruptcy Court Southern District of New York.(1999 年 2 月 2 日,该指引可在纽约州南部地区破产法院网下载。)

⑤在小型公司的案例中,有时投资人会提供 DIP 融资。

⑥基于对债务人的评级融资,设定比普通融资高出 0.5% ~2% 的利息。债权人维持高利息的原因在于:DIP 融资债权人在短时间内仔细调查担保条件;商业银行对 DIP 融资、银团贷款、重组并不熟悉。

⑦程序所需时间为 2 年,比较长。

⑧自 2003 年 10 月起,法制审议会开始探讨动产担保以及债权担保制度。

⑨此处的可预见性并不是指债权人对再建概率的可预见性,而是指能否预测到程序执行的下一步。

⑩参见本书中島弘雅「米国・英国の倒産手続きの主要な特徴と相違点について——再建型企業倒産手続きを中心に」15 頁以下。

⑪在制度上规定对管理人(或者与之相当的人)的借款给予优先清偿。

⑫代表性例子：将财务指标维持在一定水平以上(以下)的条款与禁止新的投资支出、对债权人的报告义务等的条款。

⑬指保护(保证)的卖方。卖方为保证人，买方是接受保证的人。

⑭仅限部分融资余额通过信贷、金融衍生品交易回避风险的场合，或者在证券化交易中存在劣质化部分。

(陈景善、由从异、欧星　审校)

《产业活力再生特别措施法》在事业再生中的适用

[日]若月一泰[*] 著 崔延花[**] 译

引 言

2003年4月,日本彻底修改了《产业活力再生特别措施法》,使其适用于企业重组与事业再生。本文主要介绍有效适用《产业活力再生特别措施法》的案例,包括预重整模式。

一、《产业活力再生特别措施法》

《产业活力再生特别措施法》的宗旨是:"为了有效利用日本现存的经营资源提升生产力……迅速实现日本产业活力的再生。"(第1条)具体而言,企业制定经营计划,若该计划得到主管企业的行政大臣的认定,可适用商法与税制方面的特例措施规制。《产业活力再

* 经济产业省经济产业政策局产业再生课课长助理。

** 中国政法大学外国语学院副教授。

生特别措施法》通过削减与重组有关的各种成本,促进经营资源的最佳配置(见图表1)。

截至目前,得到认定的企业大多是在《产业活力再生特别措施法》发布的1999年10月以后被认定的,累计有255件计划。其中,还有活跃于国际舞台的"索尼"与"夏普",也有正在进行事业再生的"大荣"与"福助"之类的企业。当初制定法律的目的是通过适用这部法律使强劲企业变得更强。但在2001年的紧急经济对策中,加速处理不良债权备受重视,致力于事业再生的企业也加入了认定对象中。从优良企业到需要事业再生的企业,以提高将来生产力为内容的所有经营方案都成为适用对象。

图表1 《产业活力再生特别措施法》

- 该法规定,企业的经营计划,由主管企业的行政大臣认定,从商法与税制方面给予支援,能够大大削减集团重组与事业再生的成本。
- 从优良企业(索尼、夏普)到事业再生的企业(大荣、福助),所有的企业都在适用。
- 但是,该法与公司更生法和民事再生法不同,并非以"债务清理"为目的的法律。
- 该法2003年4月彻底修改。到2008年3月为止实施特别措施法。

2003年4月修改《产业活力再生特别措施法》后,扩大了支援对象类型。正如后文所述,不仅是企业制定的方案,事业再生基金公司为主导的方案也可以得到认定。在此基础上,《产业活力再生特别措施法》大幅扩充了对认定企业的支援措施。但因为是特别措施法,《产业活力再生特别措施法》的实施期限为2008年3月末,申请的企业有必要在失效之前申请认定。

二、主要支援措施与有效适用事例

通过《产业活力再生特别措施法》得到认定之后,企业具体有哪些优势呢?我们从众多的优势中选出了具有代表性的几例。

(一)存续企业

首先,有一个典型的案例是企业存续的同时实现再生(见图表2),在法律上被称为"事业再建构计划",目前有很多案例得到了认定。在支援措施中,最常见的措施是注册登记税的减轻。注册登记税是企业在增加资本金时被征收的税,现在的税率为增加的资本金额的0.7%。如果得到《产业活力再生特别措施法》的认定,该税率可降为0.15%。如果增加100亿日元资本金,就可减少5500万日元。

图表2　有什么优势呢?

A：企业存续案例（企业经营再建草案，包括放弃债权的重组计划）
- 注册登记税的减少……资本金的0.7%→0.15%
- 债转股时免除检查员的调查
- 增资、减资的特例……不需要召开股东大会，不需要个别催告债权人
- 资产评估损失记入损失金额……但是需要①专家的调查报告书（与庭外重组指引的《咨询报告书》相同）；②从达成放弃债权的合意之日起1个月内进行临时决算（由公司临时决算）；③每半年一次审计。

其次,在债转股(债务资产交换、债务的股份化)的场合,通常以债权实物出资。关于实物出资,商法要求由法院选任的检查员进行调查(除检查员外律师与注册会计师等也能进行调查)。在《产业活力再生特别措施法》认定之后,就可以省略检查员的调查程序,可大幅节省事业再生的时间成本。

有很多利用增资、减资特例的案例。在资不抵债的企业为填补亏损而进行减资的情形下,按照商法的规定,需经股东大会特别决议,进而需要个别通知债权人。但是,企业被《产业活力再生特别措施法》认定之后,当其在减资的同时增资达到减资金额以上时,因不存在损害债权人利益的风险而无须个别通知债权人(只需在公报上公告即可)。企业若不是通过减资削减股份就不会损害股东的权利,因此,股东大会无须作出企业减资与否的特别决议,由董事会对其进行决议即可。如此,便能够迅速地进行事业再生。

企业放弃债权时享有免除债务的利益，作为应对措施，资产评估损失金额也可计入损失中。在企业存续状态下放弃债权时，债务人企业因此享有债务免除利益；通常在当期实际损失和结转亏损金额范围内享受债务免除，即通过相互抵销方式作税务处理。如果把评估为损失的资产出售给其他企业，可将资产转让的损失与债务免除利益相抵销，但当不能出售时，企业就只能继续持有评估为损失的资产，债权转让会半途而废。因此，修改后的《产业活力再生特别措施法》明确规定了资产评估损失，即使在企业持有资产的情况下也可以在税务上重新评估后计入损失额。民事再生法与公司更生法虽已有规定，但只能适用于法定程序，《产业活力再生特别措施法》如此规定是为了在庭外重组中计入资产评估损失，这是具有划时代意义的大修改。

但是适用《产业活力再生特别措施法》需满足相应要件。根据《日本民事再生法》与《日本公司更生法》的规定，在法定程序中有法院参与，债务人的财产状况非常清晰的，不能任意计入资产评估损失。依据《产业活力再生特别措施法》的规定，在重整计划中放弃债权时，设置一系列程序可避免任意计入损失金额的情形。

首先，申请时需要"专家调查报告书"。该报告书与庭外重组指引中的"咨询报告书"性质相同，规定在放弃债权之前的阶段需经第三方调查掌握企业的财产状况。

其次，自达成放弃债权的合意之日起 1 个月内进行"临时决算"，并提交按照公正合理的会计处理方式计入评估损失的财产清单、资产负债表、损益计算表。因放弃债权，各种财务报表数据会发生大幅变化，所以按月结算确定提高生产力的数据标准。

最后，从报告计划草案实施情况的角度来看，企业需接受"中期（半年一次）审计"。通过注册会计师、审计法人的审计确保计划草案执行中的财务数据的信赖度。

企业存续的案例可举津松菱公司案(见图表3)。

图表3 实际适用案例①津松菱

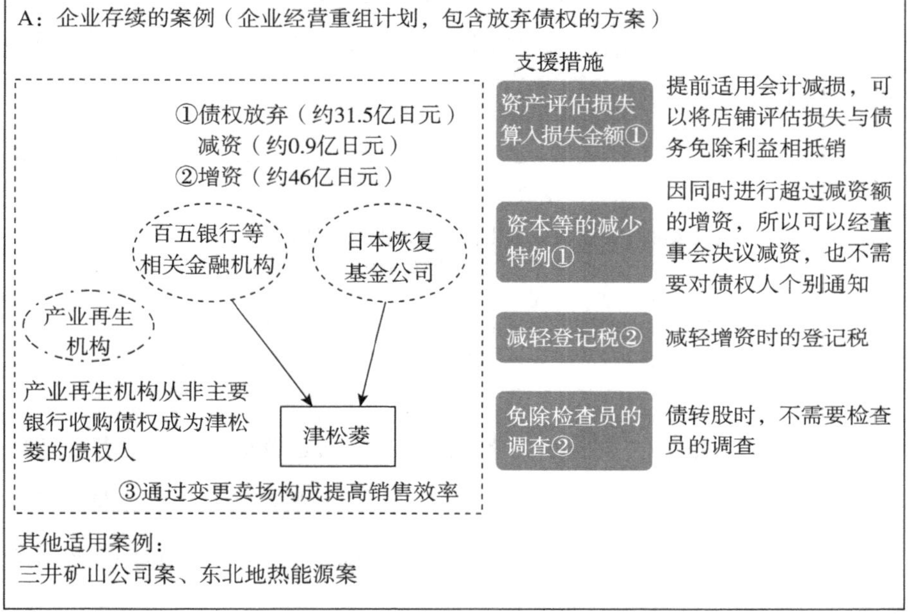

在津松菱公司案例中,不仅产业再生机构决定支援该公司,而且津松陵公司依据《产业活力再生特别措施法》的规定获得认定,由此享受了诸多优惠。

津松菱公司是三重县的百货公司,百五银行等债权人放弃了债权,因此获得了债务免除利益。所以,在百货公司店铺评估损失中可按减损会计方式提早计入,并在税务上作为损失额相抵。

因企业在减资的同时超过减资额进行了增资,所以可经董事会决议减资。之后,增资登记税减少,就无须检查员对债转股进行调查。除津松菱公司外,三井矿山公司等也得到了认定。

(二)设接盘公司的案例

事业再生基金公司与债务人公司设立接盘公司,并由该接盘公司受让再生企业进行经营的案例逐渐增加(见图表4)。修改后的《产业活力再生特别措施法》为了认定事业再生基金公司等出资的接盘公司,设置了新的“经营资源再有效利用重组计划”。据此,在旧公司将要接受清算的情况下,也可以通过接盘公司得到认定而获得政策支持。该方案同样可以减轻登记税,在设立接盘公司或增资时很有效。

图表4 有什么优势呢?

B:营业转让案例(再次有效利用营业资源的重组计划)
- 减轻登记税……在设立接盘公司时也能够被减轻
- 免除事后设立的检查员调查
- 减轻因转让营业所取得的不动产税……征税标准的3.0%→2.5%
- 简化对债权人的催告程序……债权人的个别同意→与公司分立同样放宽

原本根据商法规定,设立接盘公司后2年内通过营业转让受让营业的情形,属于“事后设立”。与实物出资相同,该情形下法院需要选任检查员对其进行调查。但是,企业依据《产业活力再生特别措施法》得到认定时,则不再需要检查员的调查。

另外,在营业转让时转让不动产的情形下,不动产取得税由通常的3.0%减少到2.5%。进而,可以简化营业转让所需债权人同意的程序。根据《日本民法》的规定,营业转让时,原则上应取得每个债权人的同意才能免除债务。如果企业根据《产业活力再生特别措施法》的规定得到了认定,就可以向债权人通知,在1个月之内未得到回复就可视为同意。因此,营业转让与公司分立相同,可以迅速与债权人协调。

在营业转让的案例中,有一例是松屋电器公司案(见图表5)。该案也是产业再生机构决定支持的案例。松屋电器与新生银行关联基金公司设立了新MD合伙公司作为接盘公司,进行营业转让使公司再生。该接盘公司得到了《产业活力再生特别措施法》的认定。

图表5 实际适用案例②松屋电器

B：营业转让案例（经营资源再有效利用重组计划）

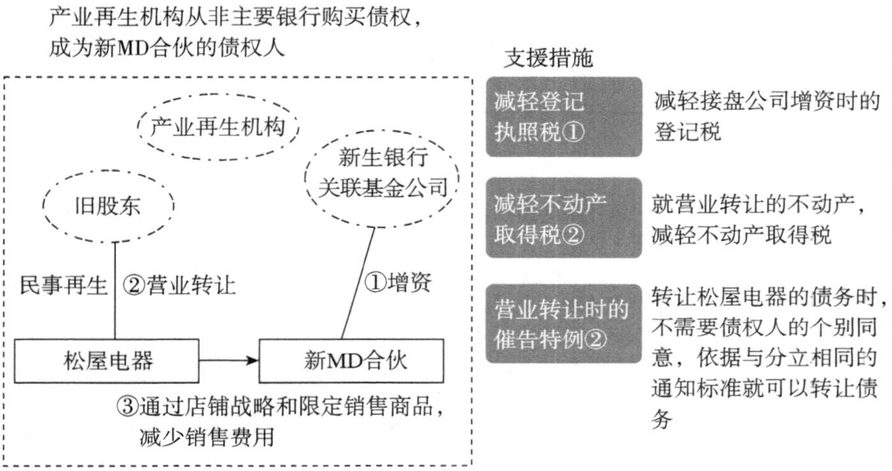

其他适用案例：
福助公司案、东京海上资本案

松屋电器当时正在申请民事再生程序，计划在民事再生程序中将部分店铺转让给接盘公司新 MD 合伙公司。首先，新 MD 合伙公司通过程序认定减轻增资时的登记税；其次，还可就转让营业减少不动产取得税；最后，通过对债权人的通知程序，由新 MD 合伙公司来承担受让店铺的营业债务。

根据计划基金公司等其他企业经营者受让营业时，也可以通过灵活运用扶持政策迅速得到再生。

除松屋电器公司案外，相同的事例还有 MKS 合伙公司支援的福助公司也得到了认定。

三、认定程序

为获得认定，需要履行的程序如下。

(一)认定标准

根据《产业活力再生特别措施法》的规定,重组计划必须符合4个标准(见图表6)。企业制定3年为期的重组计划,在此期间内关于如何提高业绩、保证财务内容的健全性等方面,按照数值目标进行判断。

图表6　认定程序①

认定的4个标准(目标)

- 提高生产力……比较重组计划开始时点与重组计划结束时点,ROE(自有资本当期净利润增长率)是否可提高2%以上,有形固定资产周转率是否可提高5%以上或者每位职工的附加价值额是否可提高6%以上等,任一生产力指标得到提高。
- 财务的健全化……在重组计划结束时有息负债在CF的10倍以内。而且,经常收入超过支出。
- 企业经营革新……不仅是财务改革,在企业经营方面也采取新的行动(如开发新商品、新服务,降低制造成本、销售费用)。
- 考虑雇佣……关于重组计划期间职工的转移,劳资双方之间进行充分的协商(不需要必须达成合意)。

※只要认真地执行重组计划,即便最终未实现目标,也不会取消已取得的认定。

第一个标准是有必要确定在重组计划结束时提高生产力的目标。制订改善任一指标的目标。比较重组计划开始时点与重组计划结束时点自有资本当期净利润率是否可提高2%以上,有形固定资产周转率是否可提高5%以上或者每位职工的附加价值额是否可提高6%以上等。

第二个标准是确保重组计划结束时的财务的健全性。设定有息负债的金额要在现金流量的10倍以内,且经常收入超过经常支出的目标。

第三个标准是企业经营革新的目标。不仅要在财务上进行改革,还要在经营活动现场实践中采取新的措施。具体而言,可以致力于开发新商品与新服务等商业改革。

第四个标准是要考虑雇佣问题。预测将来职工人数的变化,需要估算有关调职与转籍、自愿退休、解雇等的规模。而且,雇佣重组计划必须基于劳资双方协商确定,而不是经营者单方面决定的。

综上，重组计划的认定应依照以上 4 个标准进行。关于是否达到标准，在重组计划执行期间需要向认定的行政大臣报告。但是，即便在重组计划结束时未能达到目标，也并不一定被取消认定。由于经济低迷等外在影响而未能达到标准时，企业只要为执行重组计划进行了真诚的努力，就不会被取消认定。因为《产业活力再生特别措施法》中支援企业的“进攻型经营”，其本旨就是只要制定公布的重组计划合理，就会得到认定和支持。结算基准年度的开始时点数据是以提出申请法定程序前的确定结算为基础的（见图表 7）。根据《产业活力再生特别措施法》的规定，重组计划实施期间必须是在 3 年以内。所以在完整的 3 年重组计划被制定之后，重组计划结束时点的数据就是该企业会计年度末的数据。因此，在中期提出申请时，要比较 4 个会计年度的数据。

图表7　认定程序②

（参考）重组计划执行期间与测定标准的企业经营年度的关系

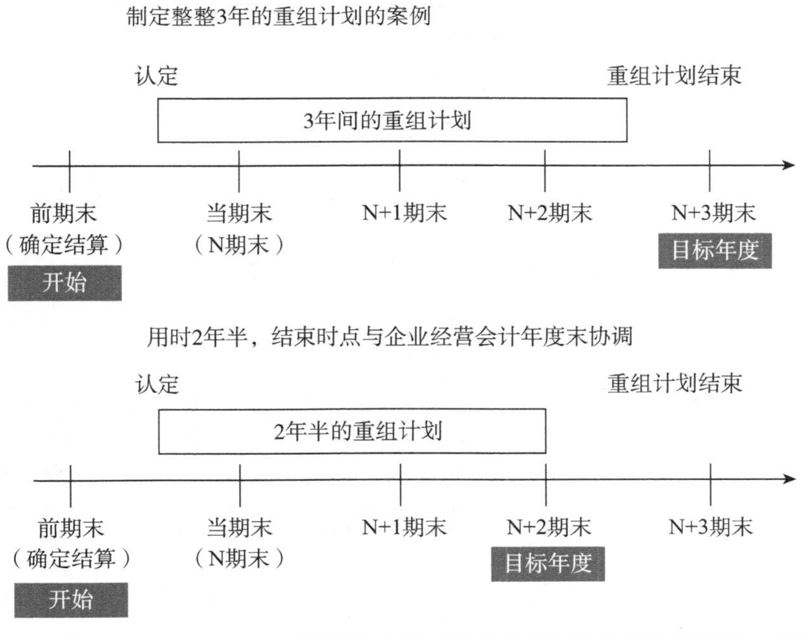

如果预计能够提前达到标准，就可以制定两年半左右的重组计划并提前结束时点，比较 3 个企业经营会计年度的数据。

（二）认定大臣

认定重组计划的大臣是主管企业的“行政机关的大臣”，包含经济产业大臣在内有 7 名大臣为认定大臣（见图表 8）。由于内阁总理大臣的权限实际上是由金融厅和警察厅分担，所以实际上由 8 个部委厅组成窗口来分担认定的职责。例如，大荣公司案、三井矿山公司案与松屋电器公司案是由主管行政机关经济产业省管辖的，由经济产业大臣认定；理想银行案则由金融厅认定；九州产业交通公司与大亚建筑公司案则由国土交通省来认定。因经济产业省成为法律立案中心，所以诸如法律概要以及关于标准等的解释咨询通过经济产业省即可获得。申请书的格式、实例的格式模板也能够在经济产业省的网站上下载，可以提升申请的效率。

图表8　认定程序③

进行认定的大臣（省厅）为主管企业经营的各大臣

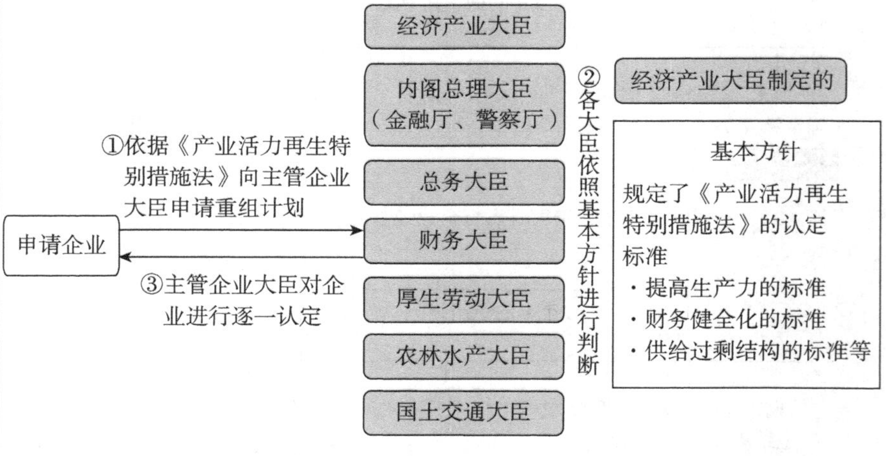

申请书的模板（填写例子）与过去的认定案例、标准的详细情况等从经济产业省网址可下载，http：//www.meti.go.jp/policy/business_infra/。

(三)时间表

经济产业省在实务中,从受理申请到作出认定的时间缩短到 1 ~ 2 周(见图表 9)。但在填写正式文书申请之前,最好事先咨询。在事先咨询中,可以对是否符合产业再生法的目的,以及数值标准计算方式等进行讨论。

图表9　程序的流程(时间表)

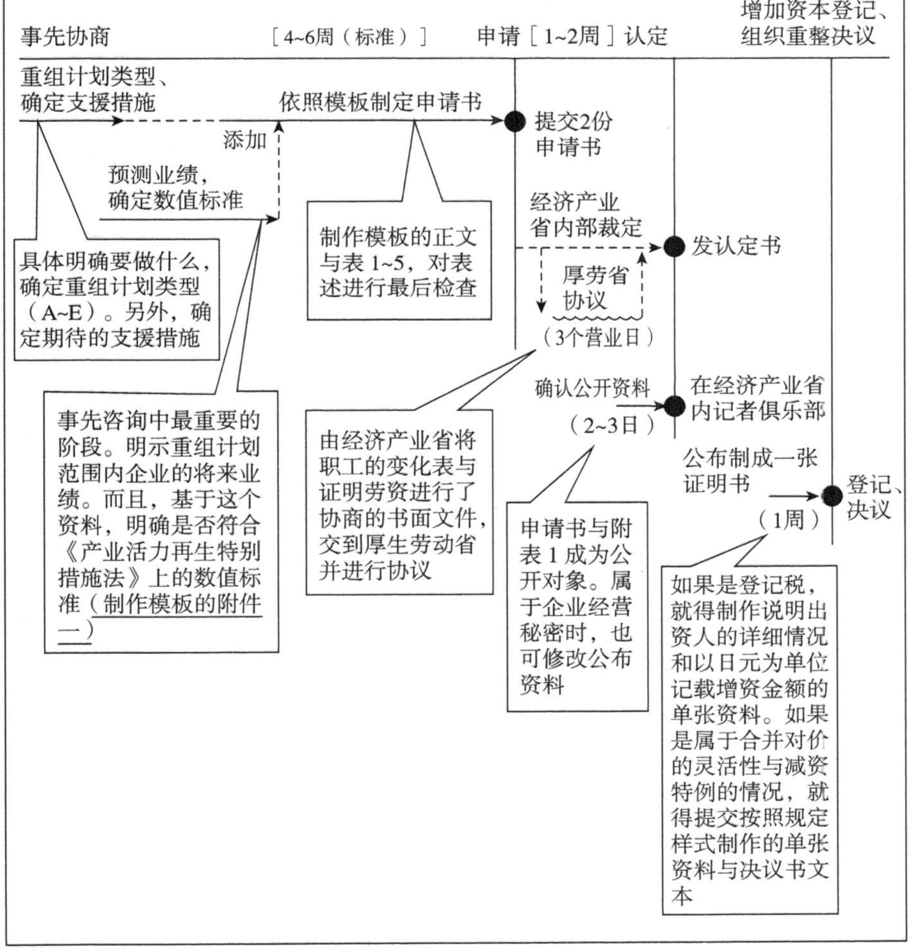

认定后,概要将立即发布。在增资登记等之前,经济产业省基于认定书颁

发证明书，在办理变更手续时，法务局（日本的公司登记机关）会减轻登记费用。

四、总结

近来预重整案件逐步增加，所以对事业再生的速度也提出了要求，经济产业省也想尽力快速进行审查。在一定程度上完成计划框架的阶段，企业亦可隐藏名称随时咨询。期待积极适用《产业活力再生特别措施法》，使日本的产业再生更加活跃。

（张婷、由从异　审校）

第二编　有关预重整模式事业再生的建议

本编收录了事业再生研究机构举办的“预重整模式事业再生当下课题”研讨会上所作出的“建议”，围绕“建议”展开的小组讨论及对实务界调查问卷的分析。

关于预重整模式事业再生的建议

[日]须藤英章* 著 郝轶君** 译

杨 洋*** 监译

一、早期再生与预重整型程序——预重整型程序的两点意义

在事业再生中,公司更生程序、民事再生程序都是极其有效的程序。但是以日本的现状来看,这些程序本身往往容易给人们带来一种负面印象。因此,为了消除这种负面印象,就需要从一开始就顺利迈出再生的第一步,即一般在申请破产重整程序的同时就公布强有力的投资人,以期维稳供应商,维持住市场信赖。这种策略在日本被称为"预重整模式的公司更生"或者"预重整模式的民事再生",对于实现早期的事业再生很有效。关于预重整模式民事再生中投资人和营业受让人的问

---

* 律师。

** 中国政法大学外国语学院副教授。

*** 德恒律师事务所合伙人。

题,将在后述第二部分探讨并提出若干建议。

预重整模式的公司更生程序本来的词义出自《美国联邦破产法》第 11 章,是指在事先充分公开信息的基础之上,如果更生计划草案得到法定多数债权人的书面同意,此时仅需要审查公开的信息资料和同意书而不必再次就更生计划草案进行投票等程序。

按照日本的法律规定,虽然不允许省略投票等程序(《日本民事再生法》第 217 条的同意再生的情形除外),但是可以借鉴美国的预重整程序模式。在日本,需要适用《法庭外重组指引》以及《产业再生机构法》(株式会社産業再生機構法)进行法庭外债务重组。但是,即便重整计划得到大多数债权人的同意,在因极少数债权人不同意而使重整计划不能够成立之时,就不得不通过申请公司更生程序或民事再生程序等法定程序进行重整。作为法庭外重组的后续程序,公司更生程序等所期望的是吸纳之前法庭外重组的成果,从而尽可能较早地进入程序,实现尽快更生。本文在第三部分中提出了若干建议。

二、选定投资人等之后再申请民事再生程序——第一层意义上的预重整型程序

(一)申请民事再生程序前选定投资人等的必要性

通常来讲,不得不申请民事再生程序的公司都已经陷入困境,因此无论是在销售层面还是在采购层面,为了增强信用,有必要公布选定一个强有力的投资人和营业受让人(以下简称投资人等)。而且,这类公司很难从金融机构借款(即便是主交易银行,也不允许对有破产风险的主体追加融资),因此为了维持公司的资金周转,投资人等的支援是不可或缺的。

(二)选定申请重整程序之前的投资人等的要件

在同时满足以下 7 个要件的情形下,再生债务人基于《日本民事再生法》第 49 条第 1 项选择履行双方未履行完毕的双务合同时,应当尊重投资人等与公司

之间订立的合同。换言之,再生程序开始后即便有人提出更优的条件,也应以“为时已晚”为由谢绝,只要不解除已签订的投资合同等,就不违反公平、诚信原则(同法第38条第2项),也不能认为是监督委员违反了勤勉义务(同法第60条)。

1. 如果不事先选定投资人,企业经营会陷入恶化状态

启动民事再生程序后,原则上再生债务人可以选择履行或者解除双方尚未履行完毕的合同,即便是申请后有人提出更优条件也可以不选择解除。但是这仅限于如下情形:在申请民事再生程序之前选定了投资人,如果没有投资人投资,企业经营就会进一步恶化,故而一般作出此选择。例如,商社和酒店的业务符合这种情况,而不动产租赁业务不符合这种情况。

2. 为了形成实质上的竞争,招募投资人

价格参照自由现金流是公正的。

陷入困境的公司,通过公开招募形式招募投资人是有困难的。因为公开招募难免会扩散企业即将倒闭的流言。因此,有必要以公正合理的程序取代公开招募,形成实质上的竞争来招募投资候选人(有三四家候选人投标比较合适)。

在程序中可以考虑启用财务顾问(Financial Advisor,FA)。聘用有能力的财务顾问,虽然产生费用,但是可以期待其效果。与对企业资产具有担保权的金融机构合作,由该金融机构推荐投资候选人也是很有效的方法。金融机构掌握着丰富的投资人相关信息,并且能够遵守保密义务。虽然能依赖主要(大额)债权人(大宗供货商)和大客户推荐投资候选人,但保密性略差。在紧急情况下,还可以由债务人选定投资人,如果主银行无异议,可以与其缔结合同,但要依据紧急的程度而定。

3. 投标条件中不应附加可能使价格跌落的不当条款

可能使投标价值下跌的不当条件有“不更换现经营者”“与经营者和控股股东进行关联交易”等。“尽可能多雇用职工”不属于不当条件，因为维持雇佣关系具有一定的价值。另外，若不削减用工成本就很难提升公司的营利能力，而且以雇用全体职工作为条件是很难吸引投资人的。如继续雇用职工，应与解雇离职需支付的补贴增加额作比较，评估投标条件。关于“受让店铺的多寡”，可以与量化关闭成本进行比较，作出合理的评估。

投标价格与将来的现金流量、将来的资产负债表具有联动关系，投标者可以一定公式计算出的变动价格为基础进行投标（如提示按照销售额减半时是多少，倍增时是多少）。如果不允许，投标者在考虑风险后就不得不以较低的价格进行投标。

4. 选定投资人的招投标程序中不应有不当处理

没有正当的理由而将出价最高的投标者排除在中标之外，就可以认定该选定程序不具有合法性。当然，出价最高的投标者如果信用较低，就有合理理由不选定其为投资人，这种情形不属于不当处理（《美国联邦破产法》第 363 条规定的拍卖也要求不仅要出价更高，而且应当更好）。难点在于，出价最高者未必对于再建是最合适的。在投标时已经用尽了全部的资金而后劲不足的中标人，若其后没有充足的资金去投资设备和改善劳动条件，那么其对于企业的再建就不是最合适的。但在选定投资人等的判断上，合理的定量也无法解决这一难点。

5. 投资合同等内容中不得含有对公司不当以及不利的内容

不允许订立投资人等可以随时解除合同,而公司一方却不能解除合同的不公平且片面的合同。

6. 在选定投资人等的程序中应附公正的第三方意见

如果有注册会计师、与程序无关的财务顾问等出具的公正意见(包括投标条件和投资人等选定程序的公正意见书),法院和监督委员更容易判断。候选人只有一家公司或者是从投标者中并未选定出价最高的投标者时,公正意见书是不可或缺的。原选定程序是否公正,在进入再生程序之后可由监督委员等进行检查。

7. 投资人等诚信履行合同,发挥作用能达到预期的效果

财产管理人、监督委员经常抱怨"投资人什么也没做"。在投资人等明显存在不履行合同或无意促进再生的情况下,财产管理人和再生债务人当然可以选择解除合同。

(三)解除投资合同时的补偿

前述(二)的要件包括评估内容,因而有可能出现无法符合全部要件的情形。如果解除投资合同后再进行招投标,对投资人等(以下简称原投资人),应当赋予以下①和②的权利。之所以赋予权利的实质理由如同以下 a ~ c 所述,目的是构建投资人真正认真进行支援的体系。

a. 在申请民事再生程序前通过发布已有投资人的信息,有助于维护企业信用、防止经营价值的毁损。

b. 投资人以企业经营好转为指向投入资金和人才,理应得到回报。

c. 再行招投标时出现高价投标,可归结为原投资人的尽力使企业经营得到维持和增值。原投资人努力抬高再投标价格,也有可能最终自己中标。

①再投标时原投资人如支付最高价,即为中标者[但原投资人和债务人公司共谋,故意操作不能符合前述(二)的要件时,不赋予其该权利]。

原投资人没有过失时,作为对其之前努力的一种回报,赋予原投资人优先受让权是合理的。如果赋予优先受让权能够解决,也不会产生以下所述的分手费问题。

②(原投资人没有中标时)因原投资人的尽力支援防止了企业价值的毁损,作为回报,将再次投标的中标价格的大约5%作为共益债权,支付给原投资人(但是仅限于对企业经营帮助较大的情形)。

以上对价的支付,参考的是《美国联邦破产法》第363条拍卖程序中的"假马竞标"[1]投资人支付分手费的方式。对原投资人支付对价虽合理,但在金额计算上很困难。如果原投资人没有尽力,也很难计算出企业经营价值毁损到什么程度。另外,即便是能够计算出投入的资金和人力费用,用金钱来衡量发布有投资人投资的信息,极难达到维持信用的效果。因此,计算金额只能依靠常识来决定,支付中标价格的10%属于过高,3%又过低。

到底应该怎么看待所谓的实际费用的精确计算和分手费用之间的关系呢?可以认定通过贷款的形式明确成立的债权债务关系,另行请求分手费。但是,投资人为申请破产程序的公司付出的人力费用,应当包括在分手费中。

可以考虑将分手费作为共益债权。再生债务人决定实施再投标时,原投资人和再生债务人在新的投资人尚未产生之前,可以订立由原投资人继续提供投

---

〔1〕"假马竞标"(stalking horse bid)是一种旨在吸引更多投资人竞买的竞标模式。债务人企业在竞买程序前选定有投资意向的投资人作为"假马","假马"投资人进行尽职调查后报价。在公开竞标阶段,"假马"投资人的报价为竞标基准价,其他竞买人的报价必须高于基准价。另外,若"假马"变"真马",则由"假马"成为重整投资人;若出现其他竞买人成为"真马",债务人企业需对"假马"投资人支付一定额度的分手费。——译者注

资的合同。在合同中如果就分手费达成了合意,符合《日本民事再生法》第119条第5款中规定的共益债权。

除此之外,可以考虑在再投标的条件中,写入中标者有对原投资人支付相当于中标价格5%金额的义务。在这种情形下,分手费由新的投资人向原投资人直接支付,就不存在共益债权或再生债权的问题了。但是也有人指出,这在税务上有可能作捐赠处理。

(四)与公司更生程序的关系

在公司更生程序中,法院选定的财产管理人有公司财产的管理处分权,有权选择履行或者解除双方未履行完毕的合同(《日本公司更生法》第61条)。由于财产管理人并非与原投资人订立合同的当事人,如果再次投标能够获得更高价格时,则更倾向于解除合同。但是也应当考虑到,投资人等为了减少事业再生的风险伸出了援助之手,故而应当为其提供保障,让其在进入公司更生程序后免受未知的损失。

三、作为法庭外重组后续的公司更生等——第二层意义上的预重整型程序

应当尊重申请公司更生程序之前进行的法庭外重组程序,尽可能使法定程序简单迅速地进行。为促进更生计划成立,具体的提议如下。

(一)迅速进入更生程序等

在根据《法庭外重组指引》《产业再生机构法》进行的庭外重组程序(以下简称法庭外重组指引等程序)中,债务人是否有值得支援的企业价值、已制定的重组计划是否公平合理,须经专家顾问或产业再生委员会的确认。由此,只要符合进入公司更生和民事再生程序的要件,从申请之日起便可直接进入相关法定重整程序。

(二)可选举董事作为管理人

2013年4月起施行的《日本公司更生法》(以下简称新《日本公司更生

法》),明文规定了可以选举公司董事作为管理人或者管理人的代理人。但是,其条件是任管理人的董事未经法院裁定批准应承担损害赔偿责任(该法第67条第3项)。依据《法庭外重组指引》等制定的重组计划,在免除部分债务时严格限定追究经营者责任的条件,应辞退对公司陷入困境负有责任的法定代表人。依据上述程序,没有被辞退的董事如果满足同法第67条第3项的要件,可被选任为管理人或管理人的代理人。

(三)清偿供应商债权

在庭外重组程序中,原则上仅金融机构的债权可进行债务免除以及重组。一般的供应商债权并不是重组的对象,因此在重组程序中也可持续按照合同受偿。这是最符合不毁损企业经营价值而采取的措施。之所以这样做是因为,即便进入了庭外重组程序,交易方也能放心继续进行商事交易,能够在不使企业经营劣化的情况下走上再建的轨道,也能使金融机构的(坏账)损失金额降到最低。

新《日本公司更生法》、修改后的《日本民事再生法》规定,以未显著阻碍更生公司(再生债务人)持续经营为前提,经法院批准(或者经监督委员同意),可以清偿小额债权。因为公司更生是庭外重组程序的后续程序,所以应当允许利用此制度清偿计划外的供应商债权。而且,在庭外重组程序中,普遍进行DIP(debtor in possession)融资,可确保清偿供应商债权。

(四)更生计划草案等的决议

虽说是以不成立告终,但重整计划草案在庭外重组程序中得到了大多数金融机构债权人的同意。如果金融机构债权人之外的债权人,在计划之外完成了清偿,那么参加更生程序的债权人与参加庭外重组程序的债权人就为同一人。如此一来,更生计划草案、再生计划草案中的投票表决就变得明确。与美国法不同的是,在日本的程序中绝不可能省略更生计划草案的表决程序,只能期望在法律允许的最短日程内尽早进行重整计划草案的表决。

(五)关于抵销

在公司更生和民事再生程序中,如果抵销的意思表示在债权申报之前作出,无论存款的种类均可抵销。因此,债务人公司在申请进入法定程序之前,为了确保账户资金,会将存款转存到没有借入存款的金融机构以避开抵销的危险。但是,在庭外重组程序中,则不采取这种权宜之计。双方在相互信任的关系下透明地进行庭外重组程序,金融机构债权人也不会将结算性存款(活期存款[2]和普通存款)作为被动债权抵销。

因此,由于庭外重组程序不成立而申请法定重整程序的公司进入更生程序后,金融机构依然不会抵销结算性存款。

(张婷、由从异　审校)

---

〔2〕 以票据、支票结算,无利息的账户。——译者注

小组讨论

——“预重整模式事业再生的当下课题”

郝铁君* 译

主持人：

东京都立大学法学部教授　中岛弘雅

与谈人：

尤尼森资本(Unison Capital)股份公司代表董事合伙人　佐山展生

瑞穗银行企业第一部副部长　清水通德

律师　松岛英机

雷曼兄弟证券公司东京分公司投资银行本部总经理　村上宽

论坛主持人(坂井秀行　律师)：接下来将要进行以“预重整模式事业再生的当下课题”为题的研讨，请东京都立大学教授中岛弘雅先生主持。与谈人有尤尼森资本股份公司的佐山展生先生、瑞穗银行股份公司的

---

* 中国政法大学外国语学院副教授。

清水通德先生、常磐综合法律事务所的律师松岛英机先生以及雷曼兄弟证券公司的村上宽先生。

小组讨论

主持人中岛(东京都立大学教授):今天大家围绕着预重整模式事业再生进行讨论并提出了诸多建议,接下来主要围绕须藤英章先生提出的“有关预重整模式事业再生的建议”展开小组讨论。

佐山(尤尼森资本股份公司):我的专业是高分子化学,与现在的工作领域完全不同。在帝人公司从事了11年的涤纶领域工作,之后调入三井银行从事并购业务顾问工作11年。其间经手过1997年皇冠租赁(Crown Leasing Corporation)(日债银行的子公司)破产案,被银行指派担任已故三宅省三管理人的顾问。当时,对我们来说破产完全是另一个世界,是律师的领域,是我们这些普通人基本接触不到的事物。在皇冠租赁破产案中,皇冠租赁公司在两个月内将国内租赁资产约3000亿日元作为营业权,加上职工一起通过招标进行营业转让,海外资产也转让给了其他公司。1997年秋天,3000亿日元的不良债权,通过投标以批量销售(bulk sale)的方式被出售完毕,这在日本应该是首例。之后,在1998年大仓商事公司破产的时候,本林先生是破产管理人,我作为顾问参与协助,将飞机业务转让给了丸红公司。

虽然现在基金公司很多,但我们1998年设立尤尼森资本时,还没有真正的大型并购基金公司。当时我们5个人以200亿日元为目标开始筹集基金,最终筹集到了380亿日元。到目前为止我们投资了7家公司,还剩下70亿日元的投资额度,7家公司中的1家已实现了退出,进行得还算顺利。投资对象中有大家熟悉的桃哈多(Tohato)公司、阿斯基(ASCII)公司。一般而言,基金公司将最初5年定为可投资期间(投资期限),我们公司也相同,投资期间截至2003年8月,必须在这之前使用剩下的70亿日元余额。并购基金将以2号、3号依次持续下去,实际上我们在以600亿日元或者800亿日元的规模筹备2号基金,目标是在2003年春天完成首期投资。

我从2号基金开始参与该工作,并与投资者约定今后5年、10年的期间,主要从事该工作。从个人角度而言,是受到了一定限制的。

清水(瑞穗银行股份公司):今天可能是想听听银行的观点,所以我才被邀请。刚才认真听了各位的意见,在座的诸位中有很多人比我更专业,故而备感惶恐。我在企业第一部从事最近比较热门的工作,即企业再生工作。我1977年进入日本兴业银行,从1993年开始从事3种业务。当时正处于经济泡沫崩溃的混乱期,当时的融资部曾参与处理桃源社案、阿波罗租赁公司案、艾克欧恩(Ekuionn)案、日本按揭公司案等。之后,融资部在关西建立姊妹部门,于是处理了第三部门〔1〕首个破产案,即泉佐野国际都市案。此外,还有兵库互助银行,福德、大阪等地方金融机构的破产案件,以及富士住建、朝日住建等旧住专〔2〕破产案。之后我被调往都科摩(NTT DoCoMo)公司,协助该公司在海外上市,然后又回到了银团贷款部门。银团贷款这种形式在当时日本的贷款市场上只占6000亿日元左右,然而到今年已达到20兆亿日元。也就是说,早在银团贷款起步阶段,我便从事着相关工作,并于2002年10月开始在企业第一部工作。企业第一部与既往的问题债权处理机构有所不同,是将审查机能和利害关系人管理机能(relationship management)一体化,制定再建或清算计划并负责实施。这在当时从某种意义上来讲,是划时代的部门。2003年的夏天,东京三菱银行在企业经营发展战略开发部附加了"附加制品"功能。我也强烈地意识到虽然之前以破产人、实质破产人或者破产风险人作为对象,但也有部分金融再生项目出现须早期处理的情况。为了防止企业价值下跌,提早介入是金融机构

〔1〕 为实现地域开发、城市建设,由国家或地方自治体与民间企业共同出资设立的企业经营体。——译者注

〔2〕 住宅金融专门公司的简称,以面向个人的住宅贷款为目的,20世纪70年代起由都银及农协系的金融机构相继设立。——译者注

面临的共同课题,即提早预防、止损和维持企业价值。

村上(雷曼证券公司):我是雷曼证券的村上,是雷曼兄弟投资银行部并购负责人。大学毕业后进入住友银行,在东京工作几年后,于1989年1月到纽约分公司赴任。20世纪90年代初的美国与日本正好相反,开始进入不景气状态。我上任后从事了不动产金融业务,每天与DIP(debtor in possession)候选人打交道。当时每天谈论的都是自动中止、优惠待遇,其中最感慨的是,美国的银团贷款非常发达,主交易银行发挥主导权,债务人在破产前做了诸多准备。我曾是日本银行的一员,作为银行团体、出借人一方,在主交易银行的主导之下参与了各种再建处理工作,感受到美国与日本有很大的不同。另外,印象深刻的是美国在公司倒闭前的再建,优先待遇(偏颇行为)十分明确,不通用所谓的"先下手为强",而是在各方面都显示出积极协助主交易银行的态度。

因此,深入思考预重整问题之后,我觉得对于银行和债务人之间的关系,应当借鉴美国式的银行主导模式。我认为,关键点之一是银团贷款发达,能够相互抵押担保;关键点之二在于偏颇行为期间明确。否则,银行忙于回收债权,负责人就会被追究责任。

在住友银行的纽约分行从事重组工作之后,1995年年初我调入美国贝尔斯登(Bear Stearns)投资银行。之后我回到日本从事并购业务,经手的比较大的案子有之前佐山介绍的皇冠租赁破产案,我以某外资系企业买方顾问的身份参加了该案。在2000年的生命(Life)公司更生案,我担任破产前后卖方顾问,处理了更生法实施后拍卖第一案,亲身经历了围绕拍卖的各种各样的困难。这次作为互补序列键控(CSK)的顾问,参与了阿斯基公司和互补序列键控的变卖。

我于2002年4月到雷曼兄弟公司工作,虽未处理破产案件,但参与了广义上的事业再生案,参与了2003年日商岩井和日绵的合并以及瑟伯罗斯(Cerberus)对青空银行的收购案。

松岛(律师):我从1971年成为律师以来,一直在办理破产案子,所有领域基本都经手过。1996年住专问题发生后,作为清算人代表参与了非银行金融机构的重整,还作为管理人处理了公司更生案。最近在处理长崎豪斯登堡主题公园、东日本船舶公司更生申请,申请了四五件民事再生案,正在积极摸索预重整问题。

“预重整”问卷调查结果

中岛(东京都立大学教授):非常感谢大家的介绍。来自不同领域的专家参与本次小组讨论,相信能够形成有趣的观点交锋。

为了就须藤先生的建议展开讨论,在召开研讨会之前对出席本次会议的各位进行了问卷调查。我先总结一下调查结果。

第一个问题:一般陷入经营危机的企业,进入民事再生程序后与投资人企业并购,以寻求事业再生。在因申请民事再生程序而导致信用危机和带来企业经营价值下跌的危险之时,大家是支持以下的A说、B说或者修正的B说中的哪一种观点?(参见调查问卷之1)

A说的主要内容是尊重申请之前的协议。B说认为进入破产程序之后,出现提出更好条件的投资人时,应当确保对申请后的协议再次讨论的机会。修正的B说认为,在确保债务人可对申请后的协议再次进行讨论的基础上,如果早期的投资人没有成为最终投资人时,应当对申请之前的投资人进行金钱补偿。围绕着三种观点哪种最合适这一问题,共回收到64份答复,其中支持最多的是修正的B说。在这64份答复中,支持修正的B说的有34份,支持A说的有28份,支持B说的有2份。支持A说的28份答复中有11份来自国内金融机构,8份来自律师。修正的B说得到了最多的支持,在支持该说的34份答复中有12份来自律师,6份来自国内金融机构。A说主要得到国内金融机构的支持,修正的B说主要得到律师们的支持。

接下来进入讨论环节。关于须藤先生的报告,逐项由与谈人进行回应。先请大家谈谈如何看待申请民事再生程序之前选定投资人的问题。

申请民事再生程序前选定投资人等的必要性

佐山:令我很惊讶的是大多数赞成修正的B说,希望经今天的小组讨论之后会有所变化。我们应当思考一下预重整制度是什么。申请民事再生程序之前进行投标时,我们有必要明确以什么为投标对象。如果是申请民事再生程序前还未决定投资人的传统模式,这里以尤尼斯资本投资的桃哈多公司为例,该公司不仅采购不到原材料,就连商品也被便利店和超市下架,退货不断发生,企业经营价值不断毁损。企业经营价值像指数、函数一样不断下跌。这种情况在某个时间点选定了投资人之后才开始缓解,形成了一条申请民事再生程序后急速恶化而确定投资人之后缓缓上升的曲线。相反,如果在预重整模式下,在申请民事再生程序之时就已选定了投资人,事先也做了各种各样的准备,并向客户、老主顾公布了信息,就可以把损失降到最小。无论如何,投资者理所当然会在申请民事再生程序之前考虑毁损的程度,然后计算企业经营的价值。传统型和预重整型的企业经营价值之差,就是所谓的"预重整效果"。

总之,申请预重整后再投标时,十分重要的是需明确投标对象"企业实际上基本没有毁损"。由此,可能"再投标"时投标对象和预重整型基本相同,但是事实上与申请程序之前的投标相比而言,投标对象本身就完全不同。在预重整程序中风险不可预测的状态下的投标,与风险明确之后的再投标,是两种完全不同的投标。例如,将投标对象设定为一栋办公大楼。若不采取措施,定时炸弹有可能随处爆炸,毁掉大楼。预测到这一场景,应在事先考虑炸弹的位置和拆除方式之后再投标,中标之后马上着手拆除炸弹。如果炸弹全部拆除则可以免受损失。如果剩下少数不能拆除的炸弹,那么爆炸也会毁掉大楼。通常在预重整程序中,在全部拆除炸弹并确认没有爆炸的可能性后,出现愿意出更高价格购买大楼的投资者就完美了。只有拆除炸弹后才能够确定价值,认清这一点,就不会采用修正的B说了。我希望通过本次讨论支持修正的B说的观点能转换为A说。

中岛:十分感谢。接下来,有请清水先生发言。

清水:首先,银行在企业价值毁损这一点上遭受过严重的损失。我们切身地感受到尽早着手、尽早改善,对于我们是最有利的。如果我们是主交易银行,通常主动联合投资人尽可能一起采取行动,与银行的客户交流,尽力联络一系列证券公司和顾问。无论实际能否争取到,都会尽力追求经济上的合理性,以取得投标的最高值为目标。由于我们的使命就是使债权回收最大化,因此投资人无论是在前一阶段还是在后一阶段,只要能确定,就会努力缩短回收期间。一般来讲,其都会考虑早点卖出或者进行营业转让。其次,我们不是主交易银行的情形下,虽然主交易银行很多时候会私下进行交易,但有些时候也会公开状况。对此,我们基本抱持支持的态度,毕竟我们与主交易银行在债权回收最大化这一点上目标是一致的。因此,只要选定投资人的程序公正,符合经济合理性要求,我们就会"从内心支持",说不定还会一起努力。以上就是银行的做法。

村上:正如清水先生所言,如果银行被蒙在鼓里,债务人自己主导投资人选定程序,银行后知就真成了问题。纯粹的预重整程序与法庭外重组比较接近,区别在于是否有法律约束力。这是无可厚非的。但是,银行都还没有搞清楚状况的时候选定投资人,进行分档整理,会发生什么情况呢?有可能出现佐山先生所说的,事后会出现出价更高的投资人。对此,有一种观点认为,好不容易有出价更高的投资人出现,"改选出价更高的投资人"当然更好。与之相反,另一种观点认为,正如佐山先生所说,事后出现的投资候选人出价更高都是因原投资人的贡献,原投资人阻止了企业价值毁损,所以"应选择原投资人"。尽管这是两种相对立的观点,但我个人认为,先不讨论选择高价还是低价的问题,日本企业重整的重点应该是尽早开始再生程序,让投资人尽早介入。为了起到激励作用,只需要在某种程度上能满足要件即可,将“即便之后出现出价更高的投资人也应当拒绝,只认可原投资人”作为激励条件,因为不迅速开始,再生是来不及的。日本比较适合设定一个时限,如设定3年的时限,约定若3年期间内银行和债务人不动摇,则坚持由原投资人继续主导程序。

松岛:我的观点也有所变化,最初的意见是无论如何也要坚持选定付出很多心血的原投资人,最近开始倾向于修正的B说。原因就如同村上先生和清水先生所讲,若正确地选定投资人,则在进入申请民事再生程序之后可以正确地说明责任,但是若未能选定合适的投资人,则理由很牵强甚至不太合理。

另外,有必要明确的是,我们讨论的对象是什么样的企业。是讨论大型上市公司,审计法人发挥着作用的企业,还是中小型家族企业?不同类型的企业应对措施完全不同。在与投资人谈判的过程中,财务分析是在保密状态下进行的,但最终公开的时候,从是否正确评估资产和负债的角度来说,也有不认同的事例。因此,我一直认为需要全盘考虑,采纳多少先不讨论,但不是用钱就能解决一切,而是应根据个案来由债权人、监督委员、法院判断。虽有一些机会主义色彩,但我认为是合理的。

中岛:现在与谈人都发表了各自的见解,表明了立场,大家的评议都十分有趣。

佐山:与松岛先生认真交流之后,我与他持相同的观点。但面临的现实问题是,即使在桃哈多一案中,也没有提出一个完全固定的价格。即在民事再生程序之后有可能产生损失的基础之上,提交盖章后不能再更改的数字。另外,我观察到多数案例仅仅约定了谁成为投资人,而其他条款完全未约定,是“宽松合同”。我认为这不能称为“订立了合同”。至少应当把基本的数据,申请民事再生程序之后大约损失多少的客观企业价值写进合同,如以一个月的销售额为基础,通过公式计算出无人表示异议的转让价格,并反馈到合同中。如果没有明确的合同,即便是申请程序之后再发出命令,也无济于事。我之前强调的不是修正的B说而是A说，就是以踏出这一步后，认认真真签订合同为前提的，希望各位能够理解。

村上：听了松岛先生的发言之后我恍然大悟，行业不同情况也各有所异，确实应该具体情况具体分析。在申请民事再生程序的当日就已有投资人投资，对流通业来说是非常有效的。投资人决定投资，对于企业的社会信用、职工的心态、客户的信心等具有非常重要的意义。另外，不动产租赁业和不动产公司，破产后也可以慢慢选定投资人，没有必要匆忙决定。概言之，流通业等信用至上的行业，在申请再建型程序之日选定好投资人是十分重要的。但是，正如松岛先生所言，此方式并非所有的行业都适用。

须藤先生建议的"7个要件"——关于预重整的"台场模式"

中岛：大家普遍认为如果完全满足要件，就应当尊重，但是有疑问也可再次讨论。在须藤先生的建议稿中，也提到尊重既定投资人的要件是非常重要的。须藤先生列出了7个要件，大家如有不同见解请发表意见。

佐山：我基本上是完全赞成7个要件的。第六个要件"公平意见"，可能未必是必需的，但经可信赖的机构出具意见书来确认是否满足其他要件，是有必要的。这点我完全有同感。

中岛：在整体确认7个要件之后，我再次简述一下7个要件各自的内容。

第一个要件："如果不事先选定投资人，企业经营则会陷入恶化状态"；第二个要件："为了形成实质竞争，招募投资人"；第三个要件："投标条件中不应附加可能使价格跌落的条款"；第四个要件："从投标人中选定投资人等，程序应正当"；第五个要件："与投资人签订的合同中不应有对公司不当和不利的内容"；第六个要件："在选定投资人等的程序中应附上具有公正内容的第三方意见（公平意见）"；第七个要件："投资人等诚信履行合同，发挥作用能达到预期的效果"。

佐山:我还要补充一点。关于第一个要件“如果不事先选定投资人,企业经营则会陷入恶化状态”,正如之前村上先生所说,不同的企业恶化速度并不完全相同。我把恶化的速度称为“恶化系数”,不同行业“恶化系数”也完全不同。比如,商社的恶化速度就非常快。大仓商事公司(贸易公司)倒闭时,商社的交易合同因为破产全部被解约,当时公司所剩余的全部资产就只有人力资源了,甚至这些人力资源最后都被同行挖走。因此,刚开始的第 1 周、第 2 周就决定了成败。因为不仅有“恶化系数”大的行业,也有恶化速度很缓慢的不动产管理公司等,所以第一个要件非常重要。

中岛:非常感谢,接下来有请清水先生。

清水:7 个要件的内容我都赞同,特别是银行遵循竞争原则追求高价值。因此,保障程序的公正透明性是很重要的,应当附加明确的说明以避免事后争议。行业内在招募投资候选人时,应考察有无业绩以及表现是否良好等,特别是最近十分重视依法经商,追求不受行内特定的人际压力影响,这点很受瞩目。

村上:我发表两点意见,涉及与我工作有关的第二个要件“为了形成实质竞争,招募投资人”、第六个要件“在选定投资人等的程序中应附上具有公正内容的第三方意见(公平意见)”。通过招投标竞争原则选择投资人很重要,但是实际操作起来是十分困难的。若选定投资人的招投标过程必须极其秘密地进行,则寻求最高价本身就是不合理的。定价的时候依赖顾问的第六感以及听取各方建议确定备选公司,再作出决定。但是,申请破产程序之后可能出现前所未闻的投资人要加倍出高价的情形。仅以招投标程序引进全球出最高价的投资人是不可能的。

尽管可能无法判断出价是否为最高,但可以肯定的是,可以判断投资人出价是否合理。是否合理,即是否以不当的低价出售,这可以从公司的现金流来分析。公司的内在价值在某种程度上可以通过现金流折现估值法(Discounted Cash Flow,DCF)或者与其他同行业相比较的方法推测出来。基于“某种程度上能够推测的价格”,可以判断投资人出价是否过低或是否属于变动范围。

因此,在选定投资人的要件上看其是否达到最高价格是非常困难的。与其设定最高价要件,倒不如以合理的价格作为基准。

第二点是关于公平意见。为了确保协商内容,有必要借助第三方意见书以证明价格确实是合理、公正的。但是,这里的“公正”指的是对于卖方来讲不是显著不当的低价即可,并不需要保证最高价,对这一点应该予以留意。

另外,在日本很少有使用公平意见的惯例,知道的人也并不多,无法对其抱有过高的期待。就如须藤先生在报告中所指出的,针对过程发表公正意见是十分困难的。但是,根据意见书可以判断,提出的价格是否存在明显不当低价的情形,以及程序是否透明。这原本是“程序的质的问题”,不应当属于公平意见的范畴。公平意见解决的是纯粹经济层面的问题,如职工的问题。清水先生提到的投资人行为的问题,就很难涉及。实际上,公平意见也仅仅就是用两张 A4 纸列举出前提条件和供讨论用的资料,而结论只有 1 行——“我认为这个价格是公平的”,仅此而已。如此看来,不应该过度期待公平意见。

中岛:有请松岛先生。

松岛:我从实务的角度谈谈。2003 年 7 月 15 日,东京地方法院负责审理公司更生案的第 8 庭召开研究会,在会上我也提出了预重整方案。根据当时的会议记录,预重整方案需满足以下几个要件:第一,承诺主交易银行参与协商,如果财务顾问也能参与当然更好;第二,与多数的有意愿的投资人进行交涉;第三,企业评估“当时”为时点是适当的;第四,初步合意的达成,有助于企业决定进行更生程序的申请及在早期开始申请;第五,在达成初步合意的过程中,投资候选人提供资金可帮助继续营业,如帮助采购、销售、派遣人才、提供技术、收购不良资产,以及从事一些其他活动。

如果满足这 5 个要件,尊重事先确定的投资人候选人比较好。

中岛:松岛先生基本上是尊重须藤先生提案的,其在实务中应该是很实用的吧？

松岛：是的。

中岛：只是，在评析问卷分析结果时，松岛先生回答说认同修正的 B 说，但是您主张的观点应该是修正的 A 说吧？难道是以 A 说作为基础考虑的？我对您主张的修正的 B 说存有疑问。

松岛：由您自己判断吧。

关于优先受让权和分手费

中岛：进入下一个环节。可能佐山先生会提出异议，实际上，解除与原投资人的合同必然要更换投资人。须藤先生指出，这种情况下解除与原投资人的合同，如果不赋予原投资人任何优先受让权，即没有保障制度，原本有意的投资人可能未尝试就会放弃。关于优先受让权，我想听听大家的意见。

佐山：基于某些理由不满足要件进行再投标时，如果 × 公司提出 100 日元的价格，原投资人能够出 100 日元，则原投资合同依然可以继续，没有任何损失，一切顺利。先前松岛先生说的是应当支付价格的 10% 作为分手费。现在要讨论的是，由于这个问题关系到包含分手费等很多方面，难道不应该是至少与后加入的投资团队在相同的条件下进行再投标吗？也许后来的投资候选人出不了提示价格而只能放弃，但是先前的投资人提出同等条件时赋予其优先权不是理所应当的吗？虽然我现在是站在基金公司的立场上，但是即便今后离开了基金公司，我也依然这样认为。

中岛：在须藤先生的建议中特别提到，在投资人没有过失，却要被替换的情形下，鉴于之前投资人所做的努力，是赋予其优先受让权，还是支付分手费的问题，想听听大家的意见。

佐山：比如，站在我们基金公司的立场而言，分手费是能达成经济上的合意的重点，但是企业经营并非只看中金钱方面。我认为，至少要认可原投资人的优先受让权。

中岛:清水先生如何看待这个问题呢?

清水:对于这点,我认为与其说是"补偿",不如说是一种权利的赋予。虽然这是严肃讨论的场合,但我还是想强调在尽职调查中所投入的人力、时间、金钱等成本不能浪费。所以,预备阶段没有必要对失败的人(投标失败者)补偿损失,但是对于成功的人不给予一定激励,从长远来看是不合理的。总体而言,只要程序公正、适当,银行也不会对赋予此种权利有异议。

村上:对此,我持有不同观点。社会的共识就是应该尽可能地激励投资人,早日实现再生。但是,如果认为有必要再次投标,优先权的存在会使投标变形,拍卖难度大。因此,我认为不应当赋予其优先权。该优先权通常被称作"优先购买权"或"优先交涉权"。从卖方顾问角度来说,自然是不希望拍卖的时候存在优先权。如果有正式选定的投资人,自然不需要进行再次投标,应当尊重与原投资人的约定。但是,如果对约定有异议,则不应赋予优先权,而应在平等的基础上进行再投标。这时候唯一剩下的问题就是分手费。如果分手费为5%、10%,而算上这部分费用不能比原来的投资人出价更高,对于债务人来说,再进行新的投标就变得没有意义了。这就意味着,对新的竞标者附加了若干经济上的不利条件。反言之,如果没有出现不利条件,也就没有再投标的必要。所以,不应采取先赋予优先权,然后进行投标这种两边都不讨好的解决方式,而是应该尊重原来的约定或进行没有优先权的投标,通过给原投资人分手费来解决。

中岛:接下来有请松岛先生。

松岛:我赞成村上先生的意见。问题在于是否严格按照程序选定了投资人,由谁何时做判断尚不明确。例如,东京地方法院受理民事再生案之后,从申请之日起3个月之内必须提交再生计划草案,在非常短的时间之内做出判断。因此,如果不被赋予优先权,谁也不会去当投资候选人。我认为,在投标中即便原投资人略逊色于最佳条件,若企业经营能够继续顺利地进行,也应由最初投资人继续投资。

《日本民事再生法》《日本公司更生法》都引入了补偿金制度。但是,仔细观察就能发现,补偿金是向债权人和债权人委员会或者代理人支付的。总之,从法院的角度而言,这也只有少量的支出。要想以分手费在经济上进行全面补偿,就得修改法律了。比如,解除双方未履行的合同,损害赔偿请求权就变成了破产债权。但是因为清偿率低,所以是无经济意义的。以佐山先生为代表的基金公司可能认为,拿到“这点”钱无济于事,索性通过法院的和解许可或者制定法律使之在经济上有收获。比如,美国的分手费是交易价格的3%,虽然是以亿做单位,但是没有法院的承认亦难以实现。

村上:进一步展开讨论“投标畸高”。具体来讲,顾问在出具投标说明时,没有写明“存在享有优先权的原投资人”,就等于没有规范地明示投标规则,所以必须明确写明。新加入投标的投资人,必然报出比原投资人更高的价格,自然形成了价格竞争。原投资人衡量该价格是否合适,从而判断是否参与投标。结果最高兴的一方莫过于银行了,经过投标竞争有可能出现超过经济合理性的高价。这就是我所说的“投标畸高”,最好避免这种情况的发生。就如松岛先生所说,尽量尊重原投资人,不应进行再投标。

中岛:关于村上先生的意见,我认为松岛先生还是从修正的A说方面来回答的,佐山先生大概有不同见解吧。

佐山:正如村上先生所言,在并购业务中如果存在享有优先权的原投资人,会增加并购的难度。从顾问的角度,我深有同感。

村上:我认为,应当保护原投资人,不应再次投标。总之,如果符合构成要件,就不应当再次投标。但是,正如松岛先生所言,最大的问题是由谁来判断是否符合要件。在不能判断的情况下,只能再行投标,但是如果进行再投标,不赋予原投资人优先权也不合理。因为原则上符合程序要件选定了原投资人,就不应再投标。

中岛:接下来,我们讨论分手费的问题。对于分手费占比多少合适,我完全没有概念,想听听各位的意见。

佐山:如果未进入预重整程序,关于分手费计算可参考本书第三编《预重整中必须牢记的"两个要点"》一文图表1中最下面线和最上面线之间的价格差,就是投资人支付的价值。因此,我认为以此为基础计算也是可以的。但是,差额计算并不那么简单,作为前提条件的企业价值(最下面线)很难客观地确定数字。图上可能只有细微的不同,而实际上是5亿日元和10亿日元的差距。须藤先生在建议中指出,对于分手费在最终中标价格中所占的百分比最好是无争议、简单就能确定的。我认为须藤先生提案中的占比数字也并不切合实际。

中岛:对于分手费这个问题,其他诸位有什么见解?

清水:首先是由谁来出这笔钱的问题。在之前的案例中,惯例为以银行从回收的费用中扣除用于并购的顾问费、法律服务费的形式负担。银行方面并不想支出多余的成本。在银行确认投资人早期阶段介入能够防止企业价值的毁损之后,才能介入。因为投资人的作用,价格从100日元变成120日元或130日元。对于价值的提升,债权人是无异议的。但是,若将增值的部分作为分手费扣除,对于只想回收债权额的债权人而言则很难接受。银行方面也会要求说明,花费这些成本之后,到底维持了多少企业价值。

村上:我的看法跟清水先生稍有不同。我认为投资人即便是什么也不做,只要存在就具有意义。维持信用的作用自不必说,从企业角度而言,"投资额度"有最低限度保证。在《美国联邦破产法》第11章中也有"假马竞标"概念,与此相类似,有人先行作出了"投资额度"的最低保证,即保证达到某个价格就一定投资,以此为基准必然会出更高的价格。当然这是建立在投资人十分了解企业经营的基础之上的,作为投资人花费成本进行尽职调查之后,出一个最低保证价格。所以即便是申请法定重整程序之后什么也不做,就算金额再少,也应以分手费作为最低保证金支付给原投资人。另外,原投资人对信用维持作出了贡献、稳定了人心、防止了人才流失，应在考虑这些因素的基础之上再增加相应的费用。整体而言，对于费用，大家意见各异。但按照常理来说，我觉得5%左右比较合适。实际上企业贡献度是很难计算、衡量的。

中岛：接下来有请松岛先生。

松岛：我与村上先生的意见基本相同。只是5%这个占比不能一概而论，因为在实务中投资人分为完全不接触经营只进行投资协商的财务投资人和协助采购原材料、资金管理、会计事务等进行战略投资的投资人。因此，即使同为投资人，根据行业、投资企业的不同也有很大差距。

清水：我对于村上先生的意见不能完全赞同，今天所讨论的话题应具体问题具体分析。从我们银行的角度而言，并不一定希望有投资人加入。

但是预重整到底是什么呢？在实务中深有体会的是，"事先选定投资人"并不是"预重整"。我认为，"预重整"是指"采取使企业价值不毁损的措施"，最重要的是与重要客户、供货商之间的合作关系不能中断，继续维持包括中、下游银行在内的银行的支持。在这基础上再协商如何分摊损失，损失的负担是否仅仅靠银行免除债务和债转股便足以，还是必须引入外来资本。我们虽然认为投资人很重要，但并非什么时候都需要投资人。

与公司更生程序之间的关系

中岛：须藤先生的提案是以民事再生程序为前提，为实现预重整模式的事业再生，以指引的形式为基础而构建起来的。但是，最后须藤先生也提到了一点，就是在公司更生程序中能否适用预重整，这点很值得商榷。与DIP模式的民事再生程序不同，在公司更生程序中是由法院选定管理人掌握公司的财产管理权和公司经营权，因此，管理人可以对双方未履行的双务合同的履行或解除作出选择。须藤先生的建议是否适用于公司更生程序，我觉得好像多少有点牵强，所以想听听各位的意见。

佐山：在公司更生程序中，管理人有着绝对权限。但是不能因为有绝对权限就可以把一切推倒重来。我认为此制度的目的在于提高企业经营价值，尽可能高价回收债权，债权人获得高额分配。只要进入破产程序之前，已做好事先准备并与该目的一致就应允许其在公司更生程序中适用。我的观点基本上与须藤先生相同，即应作为民事再生程序的延伸来讨论。

中岛：感谢佐山先生的发言。下面有请清水先生。

清水：从主交易银行的角度来讲，当公司更生程序中事先选定的投资人可以能动地发挥作用时，如果可以尊重事先确定的更生计划，我们当然会向法院和管理人申请。此外，不能懈怠与地方法院、管理人协商，更重要的是和一般债权人、其他银行的协商。从目前的情况来看，实务中银行真的是到最后一刻才进行沟通，如果做得不好，甚至主银行与其他银行从未沟通过的例子也不在少数。因此，应当改变之前的做法，召集相关银行协商，如同债权人会议。在申请法定程序时，可以起到实际上债权人已经达到法定多数的效果。

村上：清水先生认为，只要银行提前介入，就可以顺利推动预重整。在非银行主导的情形下，要判断由债务人选择的投资人是否合适，产生何种问题。如果多数银行判断投资人合适，协商就顺利进行。关于预重整可否与公司更生程序衔接的问题，我认为原则上与民事再生程序并无区别。我认为，公司更生程序中的管理人，以及DIP模式的民事再生程序中的经营者和监督委员，在申请程序之前所作约定的合理性判断上会有所不同，在实际操作层面也有所不同。比如，一般管理人加入之后，从新的角度判断经营者过去的工作，反复确认"哪里存在问题"。另外，在民事再生程序中，债务人自行管理模式下的经营者，即便在监督委员的监督之下也倾向于肯定自己过去的判断。

中岛：最后有请松岛先生。

松岛：我认为，在公司更生的情形下，应当采取与民事再生不同的方式。一是因为在公司更生程序中是由第三方管理人主导程序。财产管理人代表着债权人、股东、职工等利害关系人，财产管理人组建的债权人委员会如果能真正代表利害关系人作出判断是最好不过的。但是现实并非如此，公司更生案件也并非都顺利。二是因为在民事再生程序中，采取债务人自行管理模式后原董事继续留任参与公司经营，而公司更生程序并非都如此。另外，在公司更生程序中，更生担保权受到严格约束。因此，公开调查资产、负债时，很难说明在申请公司更生程序之前与投资人如何约定，以及作出决定的理由是什么。很多事情依据基本合同、投资合同是无法决定的。更生程序中重要的是能够说服管理人，但遗憾的是现实中很难办到。

会场的提问

1. 关于分手费等事项

中岛：非常感谢。前半部分以由我向各位与谈人提问，听取意见的形式展开了讨论。现在开始进入提问环节，对于须藤先生的建议，在座的各位请直接提出问题。请大家提问的时候简略说明要点。

提问人（实体公司）：我们公司并不是金融机构也不是会计师事务所，而是一般的实体公司，为企业提供长期的实用性服务。我比较关注的是分手费的问题。我认为分手费是合理的，应当基于最早的原投资人提出的价格和之后决定的投资人提出的价格之差额作出。我认为不应限定为5%、10%，也有可能是25%或者50%。在这里可以引入“期间的概念”。最初的投资人经过讨论，然后二次投标，这期间或许是几周、几个月，此概念是否可以纳入评估范畴？

中岛：非常感谢。该问题由须藤先生回答后，再听其他与谈人的意见。

须藤英章（律师）：非常感谢您的提问。正如您所言，如果事先提出的金额与最终中标的价格差额是10%，那确实很低。只是，在这种情况下，最初原投资人投入的金额太低，这一点很明显，自己投入的金额和上涨的金额之间的差额加上百分比，总觉得有点不痛快。

佐山先生刚才提出了“对象不同”的意见。也就是说,投入金额的对象不同自然会产生差额,从这点上来说按差额计算也是合理的。参考本书第三编《预重整中必须牢记的“两个要点”》一文图表中 As 和 Ap 之间的差作为对象,但是 As 的判定非常困难。因此,结果就是,Ape 和 Ap 之间的差额也无法计算了。但是,作为原投资人尽力的结果,从这个角度来说是合理的。

关于将“期间”作为评估依据的建议,我是赞成的。考虑原投资人提供了多长信用期间,多长期间内投入了多少人力或者其他的资源,这是很合理的建议。

中岛:非常感谢须藤先生的发言。其他与谈人有没有建议?

佐山:提问人的建议与我之前的意见相同,有一定的道理,本来就应当以“差额”为基础。但是,我们应当认识到,在通常情况下,营业转让合同中的价格并不是那么确定。考虑到实务中并没有那么价格精确的营业转让合同,因此我认为最终以确定的数字为基础才不会存在争议。

中岛:非常感谢。其他与谈人有什么建议吗?有请村上先生。

村上:对于按百分比确定的方式,如果一律定为 5%,原则上新的投标者拿不出超过 105% 的价格就不能中标,也就是说虚抬了 5% 的价格。如同松岛先生指出的,如果有差额,就应当交付给原投资人。但是,如果变更重整计划草案,则有可能以 101% 的价格中标。也就是说对于 1% 的差额,只要支付 25% 的分手费就行。对于原投资人支付多少最恰当这一问题,我仍然认为应在某种程度上提高价格。因为就债务人角度而言,一个确定的投资人本身就会带来巨大的利益。除非是有意制造的差额,否则没有必要考虑新的投资人,我认为一律采取 5% 是合理的。

2. 与道德风险的关系

中岛:关于须藤先生报告中的“法庭外重组程序与公司更生程序的衔接等”,上午参会的各位专家提了两个问题。

日本的庭外重组就是法庭外的私下协议,因无担保的优先债权的清偿率非常低,所以能否以支付认股权证或者可转换债券的方式清偿?

清水:我也认为清偿率过低。上次访问美国的时候,在重视企业价值这一点上,大家已达成共识。重整专家、资产评估师、咨询顾问、贷款人、DIP贷款人、退出贷款人及其金融机构等众多关系人从事着重整业务。安然公司在1周之内产生800万美元法律费用,这说明在企业价值轻度毁损的情况下应当预重整。我认为清偿率过低的原因在于银行,其中最大的原因在于主交易银行一直到最后都在忙于周转资金,这种现状很难改变。在日本,存在银行被要求在2年、3年之内降低不良债权的潜规则,如被要求到2005年3月为止将不良债权减半。在各界压力之下,债权从“要注意”转变为“要管理”。在实务中,银行在早期阶段就会停止贷款。

中岛:非常感谢。下面有请村上先生。

村上:我认为可以在债权人支持的重整计划中增加偿债方式的种类,如前所述的认股权证、普通股、可转换债券等,但是需要权衡本应偿还的金额和后增加的利益之间的关系。与债权人沟通提供多种偿还方案,如可以一次性支付100日元直接全额偿还,或者可以先支付80日元,剩下的20日元转换为可转换债券或普通股。如同赌注。

中岛:非常感谢村上先生的发言。

松岛:大家都批评清偿率低。我作为参与制定重整计划草案的人,看到清偿率如此低,内心暗自流泪。在日本,依然存在主交易银行一直持续供给资金,但仍未能控制优先债权增加的案例。因此,在进入法定程序之后,一般债权就没有了资金源。债权回收的技术日益发达,无论是应收账款还是库存,均以集中转让担保作为对抗要件,于是清偿率自然降低。如果银行在更早的阶段介入管理,就能减少这种情况的发生。我认为,如果银行积极作为,是可以增加清偿率的。

中岛:我赞同清水先生的意见。接下来给大家念一下收到的一份书面提问。须藤先生在"法庭外重组程序与公司更生程序的衔接等"中,建议尊重申请公司更生程序之前进行的法庭外重组程序,尽可能简单快速地进入法定程序而实现更生计划,因而谈到了第二层意义的预重整型程序。对此须藤先生提出5点建议:第一点是立即进入更生程序;第二点是选任原来的董事为财产管理人;第三点是承认不按照供应商债权的计划进行清偿;第四点是尽早地表决更生计划草案;第五点是关于抵销问题,建议不认可将结算存款作为被动债权抵销。

第一个问题就是,如果采纳这5点建议,恐怕有轻易地将法庭外重组的程序转到法定程序的风险,这是否易于引起道德风险?本来法庭外重组才是最基本的,什么时候转到法定重整程序应该都可以吧?大家怎么看程序衔接的时点。

松岛:进入法定程序早日结束重整,自然是不错的,我认为没有必要担心道德风险的问题。如果未恰当适用法庭外重组,未能顺利转移到法定程序,倒是有可能追究董事、控股股东的责任。在实务中,一般忽略法庭外重组的道德风险问题。

村上:我也认为没有道德风险问题,如果真有问题,那么其并非出现在公司更生程序中而是在民事再生程序中。美国基本是债务人自行管理的DIP模式,根据第11章尽早提交申请,自动停止清偿。我在美国目睹这种现象,感觉债权人似乎受到债务人的威胁。"债务人说不定明天就申请第11章程序"的事情随时可能发生,这应该是所谓的道德风险。如果《日本民事再生法》出现滥用情形,就会涉及道德风险问题,因此,我认为监督委员发挥监督功能是非常重要的。

3. 与程序转换、共益债权之间的关联

中岛:我认为从法庭外重组顺利转到法定重整程序是非常好的。以前我觉得很难实现,但是现在看来转换得很顺利,不存在较大的道德风险。另外,在法庭外重组程序中进行的DIP融资,在法定程序中也应视为共益债权。

清水:在实务中,没有资产的公司融资是非常困难的。以应收债权作为担保进行融资的金融机构自然希望转换到法定程序之后,其共益性得到认可,但是会出现如何举证共益性的问题。通常我们和顾问律师一起讨论案子,故而,也可以考虑在程序上设置由参与讨论的律师来举证的机制。

除DIP融资外,在筹集资金方面若能够建立使经营管理层了解债务人企业经营的真实情况的机制,应该可以顺利得到过桥资金,不会出现经营者道德风险问题。

中岛:有请在座的参会者自由提问、发表意见。

4. 从职业经营人的立场

越纯一郎:我是西格马溶解剂(Sigma-Solutions)公司的社长。我从事公司再生业务,在再生业务中以"受雇于再生公司的经营管理层"的身份工作。我参与再生的方式是担任一个再生公司社长,或担任再生公司的独立董事和顾问,抑或作为企业经营顾问负责各种培训。

从我的工作角度出发,想就选择A说还是B说探讨一下。

我最初接手的案子是一家公司"大约4个月后就周转不了资金面临破产",根本不允许"放慢脚步寻找最好的投资方",必须尽快找到投资人。故而,并不是通过竞争机制选择最优的人,而是投资人能迅速有序地行动起来。

投资人虽然应对迅速,但是进入程序后的不稳定也是个问题。因此,应制定激励机制,激励主要从事投资工作的基金公司或者企业,但这不一定是债务人所希望的。

因此,像我一样,如同候鸟迁徙般的职业经营人在日本并不多。经常有倡议提出应培育这类职业经理人。从职业经营管理层角度来说,谁是股东、谁是投资人具有决定性的意义,并非"只要有钱的公司就好,谁都可以"。我担任社长或派出后任社长时,提前告诫“后期可能更换投资人,与投资人共事后方能真正了解投资人”。我们虽然可以做各种预测,但最好建立一开始就确定的机制,消除揣测不安的状态。

我以前在金融机构从事并购业务,从并购方角度来说也是以不更换为前提才能迅速推动。因此,迅速抓住案件的投资人得到优厚条件也是公平的。投资人看到了优厚的激励条件,方才努力收集信息,在其他竞争者行动之前提前行动。增加这类投资人是好事。因此,我的观点接近“修正的 A 说”,毫无疑问的是,在监督委员论证条件不符合社会实情后,才能行使撤销权。

中岛:提出了很好的见解。

5. 与价格评估的关系及其他

提问者(咨询顾问):我从事的是咨询行业。关于事业再生还处于学习的阶段。

我想提问的是关于修正的 A 说和修正的 B 说的问题。在今天的讨论中,关于 A 说、B 说的讨论,应该是以商誉价值为前提的。比如,20 亿日元的价值评估为 10 亿日元的情形,将其“改为 20 亿日元,还是维持 10 亿日元”的问题。假设公司的清算价值等同于会计上的净资产额,商誉非增反减,与我们今天讨论的内容就有很大差异,所以想请教各位。

须藤先生建议的 7 个要件,能否防止这种消极事态的发生?特别是关于第二要件参照现金流能否公正地评估以及第六要件的意见是否公正,我想知道如何能防止这些情况的发生。如果无法防止,可否增加控制清算价值的要件,是否有必要设置一定的限度。

佐山:我们讨论的前提是申请法定重整程序时,合同中就已约定好转让价格。通常在公司更生案中,如果表明“先选好投资人”,则投资候选人可以享受着长期垄断的特权。提前选好投资人虽说起到提高企业经营价值的作用,但是我对无竞争状态下决定投资候选人的条件持有疑义。否定以往的做法不是一件简单的事情,今天就暂且不讨论了。

中岛:有请村上先生。

村上:一般而言,如果事先寻到好几家投资人,并且按第六要件程序,第三方作出了具有公正内容的意见书。即使投资人给出的价格低于净资产,在当时的时间点来看也是最适合的。当然并非意味着在世界上不存在比这更高的价格。在破产前,即便是寻找最高的价格也只是在极其有限的范围内寻找,不能够保证可以寻找到绝对最高的价格。但是,即便不是绝对的最高价格,也能够找到某种程度上公正的价格。佐山先生的观点非常重要,影响决定的重要因素还是价格。也就是说,一旦决定了价格,即便不是最高价格也必然是最合适的价格。哪怕低于净资产,与清算相比,选定投资人也更有利于维持职工雇佣,具有社会效用。但是,佐山先生所说的案例,是在完全没有把握价格的情况下决定投资人。我觉得这不在我们讨论的议题里,就好像没有决定价格而只决定买卖,一般而言不先决定价格是无法协商买卖的。

中岛:有请清水先生回答。

清水:关于银行如何处理的问题。一般会将破产放在一个极端情况中来估算清算价值。届时的清算价值是最低限度的保守估算,没有更低的价格。在这种情况下,选择继续经营企业有利于银行回收债权,因此通常做消极选择。银行从大宗销售时开始,不一定按照资产价值报价。一般的处理方式为聘请审计公司做顾问,加上重组价值确定投标条件,如果以最高价投标,在税务上也能够说明,这应是最合适的价格。在卖出自己东西的时候,自己不能报价。这是银行掌握企业价值估价的方式,所以即使投标价格低,也能判断相应的“企业价值”。因此,主交易银行和其他银行均努力寻找更加合适的投资人。

中岛:在重整程序中,清算价值保障原则发挥着作用。重整可分配价值不得低于清算价值。重整价值以清算价值作为最低保障,是一个规则,是启动重整程序的前提。因此,没有必要将此规定为要件。

今天的小组讨论到此结束。

（陈景善、欧星　审校）

从实务界视野调研的“日本版预重整”

[日]西田章[*] 著 郝轶君[**] 译

杨 洋[***] 监译

※附“调查问卷之1”“调查问卷之2”

一、调研预重整的前提

(一)本文的目的

近来,在日本申请启动民事再生程序等的法定重整程序时,经常提到预重整。预重整,是指进入法定重整程序之前,事先约定重整事宜。进入法定重整程序之前的约定,在什么范围、内容要确定到什么程度,才能称为预重整,其要件并不明确。因此,被称为预重整的这种事先约定的要件不能确定时,在法定重整程序中能够赋予其怎样的法律效果,在理论上的探讨也没有进展。

---

* 经济产业省经济产业政策局产业组织课课长助理。

** 中国政法大学外国语学院副教授。

*** 德恒律师事务所合伙人。

预重整这一模式虽然在日本还不是很明确,但依然受到各方极大的关注。其原因在于,实务中对于预重整的需求很强烈。事业再生研究机构在2003年11月29日的研讨会上,以与会者为对象进行了日本的预重整实务调研。本文基于调研结果,整理研究日本版预重整的定义,尝试探究今后的研究方向。

(二)申请法定重整程序之前约定的必要性

日本的债务人企业,在适用民事再生程序时经常提到预重整,主要是因为在申请法定重整程序之前的阶段,存在利害关系人提前沟通重整的可能性。

一般而言,企业从供应商处采购,将产品推销给客户,从而维持企业经营活动,而企业经营需要职工。但是,一旦企业资不抵债申请法定重整程序,则相关的金融债权人、供应商、职工和股东等利害关系人,无法一如既往地维护自己的权利,将处于不稳定的状态。如果利害关系人看不到企业重整的前景,就会采取与企业解除关系等消极措施。也就是说,企业申请启动法定重整程序之后,企业受"破产"的负面影响有供应商供应链中断、客户忌讳购买破产企业的产品、职工离职等。一旦利害关系人与企业切断关系,破产企业的经营价值就急速恶化。破产企业的再生遭遇挫折,不仅会使企业的股权价值减少,而且会使债权人的受偿额度减少,甚至会使职工被迫失业。进入法定程序会给企业带来破产的负面烙印,进而对所有的利害关系人带来负面的连锁反应。

因此,资不抵债的企业进入法定重整程序时,应尽可能让利害关系人认识到事业再生的可能性很高,确保正常供货,防止销售额减少及优秀职工的离职。为此,在申请启动法定重整程序之前的阶段,约定好事业再生的条件极其重要。

日本曾出现"计划破产"现象,即预见破产状态而提前准备,也可能涉及破产欺诈等违法行为。"计划破产"的意思是,经营管理层对金融机构和供应商等隐瞒企业经营状况的恶化,而继续交易为自己或者第三人谋求不当的利益。而

“预重整”可以降低企业经营价值的恶化、毁损，确保维持和保全企业价值，以保护利害关系人利益为目的，与“计划破产”的目的完全不同。

申请法定重整程序前，利害关系人之间的约定可有效防止债务人企业价值的恶化。进入法定重整程序之后，约定内容能够得到相关人的认可，并且顺利地付诸实践，这是预重整所应有的状态。但应在理论上探讨预重整的效果。如果利害关系人进入法定程序之前，能够预测进入重整程序之后企业能否持续经营，就会积极参与事先约定，易于促进预重整。而即使利害关系人竭尽全力参与事先约定，在进入法定程序之后，也可能伴随事先约定失败，要负担相应的人力、财力等成本的风险。如果利害关系人不能承受这些成本，就不能参与事先约定，协商会受到极大的限制。

在促进预重整方面，处于经营危机的经营管理层有可能约定，不当侵害债权人等利害关系人利益的情形。考虑到这些风险，法院应予以认可。为使事先约定的计划在法定程序中顺利得到认可，应事先约定进入法定程序时的一定要件，探讨如何设定认可事先约定应满足的要件、满足要件的事先约定将产生怎样的法律上或事实上的效果，以及当事先约定因不满足要件不被认可时，哪些利害关系人拥有申请异议的权利。

（三）实现事业再生的两种约定（见图表1）

资不抵债的企业要成功再生，需要做到以下两点：第一，为了实现企业经营的再建而有必要重新探讨商业模式，同时削减成本、增加营业额及改善收益结构，如通过营业转让等方式；第二，再生计划中包括减免、延缓偿债等内容的变更须经债权人同意。

因此，为了提高事业再生的成功率，在申请法定重整程序前的准备阶段，需要再对两种事项作出事先约定：第一，与投资候选人在营业转让等方面达成协议；第二，在债务减免、债务延缓偿还等方面与债权人达成协议。

图表1　申请法定重整程序之前预重整阶段的约定

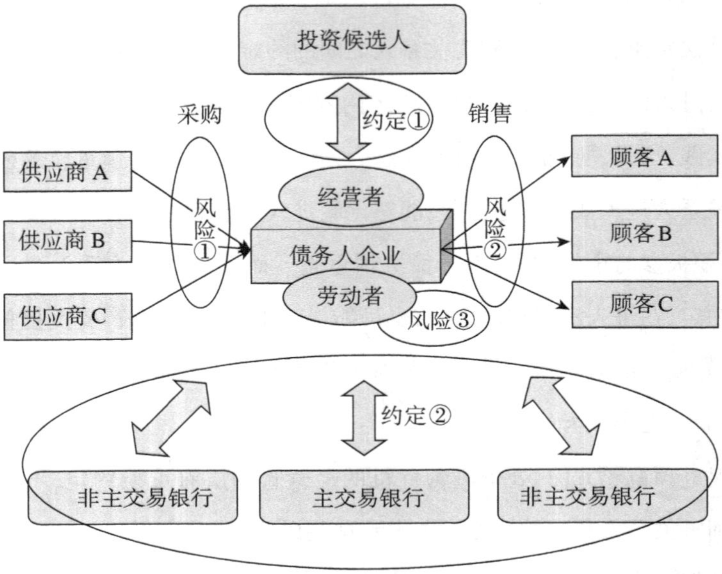

当我们探讨事先约定究竟应当到什么程度可以称为预重整这个问题时，我们应当意识到存在上述两种事先约定。这样才有助于企业与投资候选人之间就以下问题达成共识：与投资候选人应约定到什么程度可以称为预重整；事先约定在什么范围能得到债权人的理解；若得到债权人理解，重整企业进入法定程序之后是否依然能够维持、尊重事先约定。

本文基于调研结果：首先，从实务角度去探讨维持、尊重债务人企业与投资候选人之间事先约定的必要性及其构成要件。其次，探讨债权人应对事先约定同意到什么程度，以及债务人与债权人之间约定的范围和内容。

此外，在日本，可适用预重整的法定程序有民事再生和公司更生两种程序。

二、与投资人的事先约定

(一)对申请民事再生程序前进行事先约定的观点

如前所述,在利用法定重整程序的日本企业中,即便是以再建为目的,只要适用民事再生程序或公司更生程序,就会打上破产的负面烙印,企业经营价值将遭到毁损。在实务中,防止此类信用毁损的比较有效的方式,就是提前选定投资人。如果得到投资人的支援,企业经营就有望实现再生,债权人也会打消各种顾虑。

因此,在预重整程序中,事先选好投资人实现事业再生的形式是一种有效的模式。问卷调查中还涉及营业转让。比如,陷入经营危机的债务人企业,在启动民事再生程序之前,先与投资人签订营业转让合同,赋予其独占的合同谈判权或者备忘录签署权。投资人期待的是在民事再生程序中受让营业。但是,《日本民事再生法》并未规定债务人在民事再生程序启动后,选择履行合同或者备忘录约定之债务的义务。债权人如果善意地接受事先约定,按照该约定进行事业再生的障碍就少,但是根据情况不同,也可能判断为实现或维持事先约定的可能性很小。如果重新约定再行营业转让,有可能获得更多的债权份额,债务人企业也有可能放弃与投资人企业之间的事先约定。

在“调查问卷之1”中,设计了“你觉得应该怎样处理才符合实务经验?关于申请启动民事再生程序之前的事先约定,你是支持A说、B说还是修正的B说?”的问题。A说认为,“申请民事再生程序之前的约定如果适当,就应当继续维持”,在回收的64份中,有28份(约44%)支持。另外,B说以及修正的B说认为,可以解除申请程序前的约定,变更投资人,有36份(约56%)支持(见图表2)。

图表2　调查问卷之1的问卷调查结果

A说:尊重申请民事再生程序前的约定

28份[1]

国内金融机构	11人
律师	8人
基金公司	2人
财务顾问	1人
其他	3人

B说:确保申请民事再生程序之后有再次讨论约定的机会

2份

国内金融机构	1人
律师	1人

修正的B说:确保申请民事再生程序之后有再次讨论约定的机会(附加对申请时的投资人进行金钱补偿)

34份

律师	12人
国内金融机构	6人
外资金融机构	3人
企业	2人
财务顾问	2人
基金公司	1人
其他	8人

合计　64份

单纯地比较问卷调查的结果,支持"可以放弃申请民事再生程序之前的约定"的观点的已经超过半数,超过了支持"维持事先约定"的A说的人数。但是,实务中一般不支持因"放弃申请民事再生程序之前的约定",给投资候选人造成损害的情形。支持B说的只有2份(约占3%),支持修正的B说的有34份(约占53%)。在解除申请民事再生程序之前的约定时,应对申请民事再生程序前约定的投资人予以金钱补偿。债务人企业即便选择放弃申请程序之前的约定,《日本民事再生法》也并未规定应按共益债权补偿。因此,修正的B说

[1] 本处原文为28份。——译者注

得到最多支持并不是《日本民事再生法》规定的结果，而是出于尊重申请程序前的约定的角度。从促进预重整的角度考虑，修正的B说与A说相同，均出于减少申请民事再生程序前投资人与债务人企业约定的风险的目的。

“维持申请民事再生程序之前的约定”的A说和“可以放弃申请民事再生程序之前的约定”的修正的B说，二者观点差异并不大。也就是说，支持修正的B说的回答者中，律师认为，“在民事再生程序中也应当维持申请程序之前的约定，但以主要债权人同意为条件”；财务顾问认为，“申请民事再生程序之前如已有投资人，应与主交易银行等协商。实务中并不再寻找新投资人的情形比较多”；有观点认为，“旧投资人被新投资人取代的情形在实践中也并不多见”。另外，支持A说的回答中有：“申请民事再生程序前的约定欠缺合理性时，应该由法院依据判断解除该约定”，这是从企业经营的角度而言的。参考以上观点，支持A说和修正的B说的有一个共识，就是将预重整程序作为民事再生程序中的一种正当适用形式。如果申请民事再生程序之前的约定适当，在民事再生程序启动之后应当对该约定加以尊重。但是支持修正的B说的认为，对于“申请民事再生程序之前约定”的要件应慎重或者有限地适用，只将解除作为可能性来分析而已。

（二）申请民事再生程序前约定内容的确定性

债务人企业适用民事再生程序，同时计划通过向投资人企业进行营业转让而实现事业再生时，一般采取与投资人企业事先约定的方式。大致分为三种模式：①缔结营业转让合同，在营业转让之后再申请启动民事再生程序（模式①）；②缔结营业转让合同之后，申请启动民事再生程序，计划在民事再生程序中转让（模式②）；③先赋予其以协商订立营业转让合同为目的的优先协商权，再申请启动民事再生程序，计划在民事再生程序中缔结营业转让合同并转让（模式③）。（见图表3）

图表 3　申请民事再生程序前约定营业转让的模式

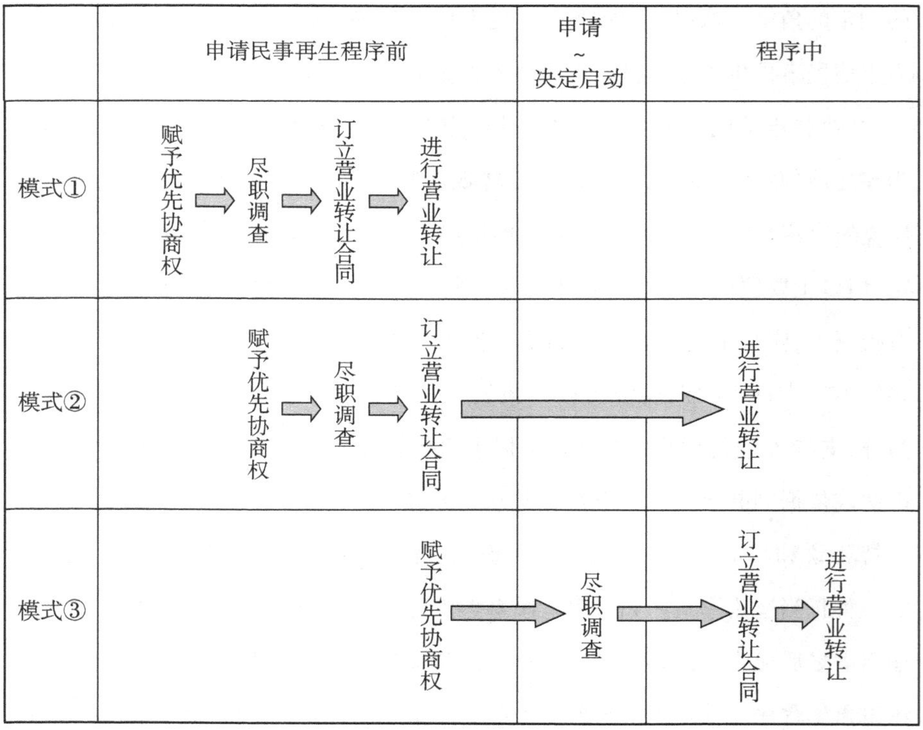

在模式①中，民事再生程序开始时已完成营业转让，所以不存在如何在程序中实现申请程序前约定的问题。届时，投资人企业存在的风险在于申请民事再生程序前已进行的营业转让可能被撤销。

在模式②中，即便订立了营业转让合同，在民事再生程序启动时，债务人企业也尚未转让营业资产和相关权利。另外，通常投资人企业尚未支付营业转让的费用，故再生债务人企业享有解除双方未履行完毕的双务合同的权利。届时，投资人企业的营业转让合同也有被解除的风险。

在模式③中，增加了能否维持基于合同和备忘录所赋予投资人企业的垄断协商权的问题。在不按照再生计划进行营业转让时，必须得到法院的许可。另外，基于再生计划进行营业转让时，必须经再生债权人表决通过。投资人面临营业转让合同能否得到法院许可,或者能否得到法定多数债权人同意的风险。

一言以蔽之,即便是“维持申请民事再生程序前的约定”,根据债务人企业和投资人之间的约定,进展到不同的阶段,为维持约定在法律上或者事实上所得到的效果也是不同的。

“调查问卷之2”问题4(1)中,设定了在民事再生程序中以营业转让方式实现事业再生为前提,债务人与投资人企业在启动申请程序之前的阶段,约定内容的确定性应进行到何种程度的问题。选项有4个:(A)在申请的阶段希望订立包括收购价格在内的确定的合同;(B)只要得到有能力的受让候选人就足够,没必要确定包括收购价格的营业受让条件;(C)在申请之前的阶段不需要与受让候选人约定;(D)其他。

对于是否有必要做事先约定的问题,回收的42份问卷中,回答(C)“没有必要约定”的为零,由此可知,大家普遍认为有必要在申请民事再生程序前约定。(见图表4)

图表4 “调查问卷之2”问题4(1)的问卷调查结果

问题4(1)	A	B	C	D
a. 国内金融机构	5	5	0	0
b. 外资金融机构	1	2	0	0
c. 企业	3	1	0	0
d. 基金公司	3	0	0	0
e. 财务顾问	2	1	0	0
f. 律师	4	4	0	0
g. 会计师	1	0	0	0
h. 税务师	0	1	0	0
i. 研究人员	0	0	0	0
j. 其他	4	1	0	0
不明	4	0	0	0
合计	27	15	0	0

做事先约定是必要的,问题在于约定要确定到什么程度。在债务人企业的事业再生计划未确定的阶段,如果不小心泄露了营业转让信息,就有可能招致债务人企业的信用危机,对企业持续经营造成障碍,并且存在导致企业经营价值恶化的风险。在日本,预重整最大的优势,就是告知对债务人企业适用法定程序的重整前景感到不安的利害关系人,其实重整的前景还是很值得期待的。所以,在重整的希望还未显现时,有必要秘密地进行事先约定。另外,为了确定营业转让的转让金额,投资人有必要调查作为转让对象的企业经营和资产等相关内容。因此,不仅要仔细调查债务人企业保存的文件资料等,还应对债务人企业的利害关系人进行访谈等。短时期内高效、秘密地进行调查访谈,不是一件容易的事。为重视保密性,就只能在比较粗略的调查范围内确定转让价格。因此,在具有保密性要求的事先约定中,要求包括确定的转让价格的约定实际上是很困难的。

如图表 4 所示,希望"订立包括收购价格在内的确定的合同"的为 27 份,占 42 份中的约 64%,"只要得到有能力的受让候选人就足够"的为 15 份。实务中在事先约定阶段,确定收购价格是很困难的,但是实务又要求高度确定约定内容。实际上,债务人企业转让核心业务时,债权人也得以依赖转让费用来清偿债务。债权人在判断是否应当向投资人进行营业转让时,转让费用的多少成为极其重要的判断依据。另外,在严格限制时间和高度保密的情况下,约定仅设"有能力的受让候选人"要件,也不会失去事先约定的意义。即使民事再生程序启动之后,受让候选人也可与债务人企业订立合同。如果考虑到可能存在受让候选人反悔而要求放弃事先约定,拟压低价格收购债务人企业的风险,不用将事先约定的类型局限于确定收购价格和不确定收购价格这两种情况,探索这二者之间的折中方式更有用。例如,在事先约定的阶段即便确定收购价格的总额有困难,也要在转让对象的资产中扩大可以确定转让金额的资产范围。将客观上可以决定的数值作为变量,以数学公式为基础,双方事先达成合意,以此缩小投资人企业的裁量幅度。

(三)解除申请民事再生程序前约定的金钱补偿

对投资人来说,参与事先约定的最主要的风险就是,事先约定被解除,导致先前投入的金钱和劳务遭受损失。因此,如果要降低这些风险,投资人在民事再生程序启动之前,应与债务人企业创造促进约定顺利实现的环境。降低投资人风险最简单的方式就是维持事先约定,如事先约定被解除也可以考虑通过金钱予以补偿。如前所述,从“调查问卷之1”的调查结果来看(见图表2),就尊重事先约定的方式而言,回答支持给予申请民事再生程序前的投资候选人以金钱补偿的修正的B说的人数,超过了回答支持维持事先约定的A说的人数。

“调查问卷之2”问题4(2)中,重新调查了如何看待解除申请民事再生程序之前约定的金钱补偿的问题(见图表5)。在调查中,支持(C)“没有必要进行金钱补偿”的,在全部回收问卷的41份中只有3份(约7%)。另外,从答卷人的职业身份来看,来自金融机构的12份回答中,支持该主张的只有1份(约8%)。如果要给申请时的投资候选人金钱补偿,一般从营业转让费用中支付,因此金融机构对“给予投资候选人金钱补偿”这一观点的认同,具有重要的意义。金融机构对金钱补偿这一点,已经达成共识。金钱补偿会导致偿还资金减少,但是在申请程序之前的阶段得到投资候选人的承诺,有助于维持、保全债务人企业的企业经营价值。

图表5 “调查问卷之2”问题4(2)的问卷调查结果

问题4(1)	A	B	C	D	其他
a. 国内金融机构	4	4	1	0	0
b. 外资金融机构	1	0	0	2	0
c. 企业	3	0	1	0	0
d. 基金公司	3	0	0	0	0
e. 财务顾问	3	0	0	0	0

续表

问题4(1)	A	B	C	D	其他
f. 律师	4	4	0	0	0
g. 会计师	0	0	1	0	0
h. 税务师	1	0	0	0	0
i. 研究人员	0	0	0	0	0
j. 其他	4	1	0	0	0
不明	1	0	0	2	1
合计	24	9	3	4	1

投资候选人享有获得金钱补偿的权利,这需得到债权人在内的利害关系人的理解。如果补偿金从债务人企业支付,债权人自然会担忧偿债资金减少,而从投资候选人的角度来说,申请程序之前的约定,不能估算补偿金,必须考虑所面临的风险。

"调查问卷之2"问题4(2)中,对金钱补偿的程度,设置了(A)"与维持、保全企业经营价值的贡献相当"的金额和(B)"支付的实际费用"的金额两个选项。问卷调查结果中(见图表5),支持"与维持、保全企业经营价值的贡献相当"的金额的为24份(约56%〔2〕),超过全部回收问卷的过半数,支持"支付的实际费用"的为9份(约22%)。

选择(A),则会面临如下问题,即投资候选人对申请民事再生程序前债务人企业的贡献度,何时、如何以金钱测算。从参加事先约定的投资候选人的风险管理的角度来说,其在申请民事再生程序前的阶段就能预测补偿金额,而对投资候选人"贡献度"的补偿在事后才能得到。暂且不说是否实际能受让债务人企业,仅就在启动民事再生程序的预重整中可防止企业经营价值恶化这一点而言,应当保障投资候选人的经济利益。

〔2〕 根据实际数据,在41份回答中,支持(A)的回答共24份,占比应约为59%。此处为原文谬误。——译者注

另外，在实务中以金钱补偿时，具备何种要件方认可其为共益债权并给予补偿的问题尚需探讨。对此，有观点指出，应在保障营业受让人地位的基础上，放宽要件来认可以金钱补偿投资候选人。该观点与“在启动民事再生程序之前的阶段，必须秘密地进行约定”的实务要求一致。关于投资候选人的能力、花费的成本，应该反馈到以贡献度为基础的补偿金金额中。虽说给了企业再次考虑并选定最终投资人的机会，但是如果特定的投资候选人先于其他投资人与债务人企业展开谈判，并开展了对企业经营和资产的调查，那么其在选定最终投资人方面基本处在优势地位。如果对申请民事再生程序时的投资候选人提供金钱补偿，则希望成为投资人的其他企业，应当清偿高出事先约定的金额，如事先约定的营业转让费用加上补偿金。我们需要留意的是，如果给予申请时的投资候选人高额的金钱补偿，那么其他企业很难提出比事先约定更有吸引力的条件，最终只能强化对事先约定约束的效果。

在理论上并未深入研究给投资候选人以金钱补偿的依据，因而需进一步探讨。实际上，“与维持、保全企业经营价值的贡献相当的补偿金”或“实际费用”很难计算。

三、与债权人之间的约定

（一）与债权人之间约定的意义

如前所述，陷入资不抵债状态的企业进入民事再生程序后，如果以营业转让的方式重整，可以与投资人、债权人进行事先约定。债权人一方在知道了债权的减免和延缓清偿计划后，为了对履行可能性进行判断，必须了解债务人企业用什么方式才能推进企业经营的持续和资产买卖。如果以营业转让方式，则需确认投资人是否有支付营业转让费用的可能性。

本人认为应参照《美国联邦破产法》第 11 章程序。《美国联邦破产法》第 11 章与日本不同的是，规定了“预重整”的生效要件和效果。“预重整”的生效要件为，在申请第 11 章程序前的阶段，经法定信息公开，债权人等利害关系人对重整计划草案表决通过。“预重整”带来的效果是，在申请第 11 章程序前通过的表决，与第 11 章程序中通过的表决具有相同效力。也就是说，《美国联邦破产法》规定的预重整程序中的事先约定，无论是在实质上还是程序上，都要求其与第 11 章程序中表决重整计划草案的情形一致。

与此相比，在日本，并不要求预重整程序中的事先约定达到与法定重整程序中决议计划草案相同的程度。此外，即使是限制参加人的范围，且没有具体化的再生方案而仅提供相关信息的情形，预重整也是有意义的。因此，参照以下研讨会“调查问卷之 2”问题 3 的问卷调查结果（见图表 6），需探讨参与事先约定的债权人范围，以及具体协商程度等问题。

图表 6 “调查问卷之 2”问题 3 的问卷调查结果

问题 3(1)	A	B	C	D	其他
a. 国内金融机构	1	3	6	0	0
b. 外资金融机构	0	1	2	0	0
c. 企业	0	1	1	1	0
d. 基金公司	0	0	2	1	0
e. 财务顾问	0	2	0	0	0
f. 律师	0	3	5	1	0
g. 会计师	0	1	0	0	0
h. 税务师	0	0	0	1	0
i. 研究人员	0	0	0	0	0
j. 其他	0	2	1	1	1
不明	0	2	1	1	0
合计	1	15	18	6	1

问题3(2)	A	B	C	D
a. 国内金融机构	1	3	6	0
b. 外资金融机构	1	0	2	0
c. 企业	1	2	0	1
d. 基金公司	0	3	0	0
e. 财务顾问	1	2	0	0
f. 律师	0	3	5	0
g. 会计师	0	1	0	0
h. 税务师	0	0	1	0
i. 研究人员	0	0	0	0
j. 其他	3	1	1	0
不明	1	2	1	0
合计	8	17	16	1

(二)参加约定的债权人的范围

“调查问卷之2”问题3(1)中,关于参加事先约定的债权人,给出了3种选项:(A)为“从申请民事再生程序前的约定阶段开始,就应当征求所有被计划削减债权的债权人的意见”,该观点与《美国联邦破产法》规定的预重整接近。(B)为“应当在所有的主要金融债权人之间约定”,该观点的立场是,依据《法庭外重组指引》的适用对象来确定债权人范围。(C)为“仅与以主交易银行为代表的最大债权人约定”,这种观点是从重视实现可能性角度出发的。

在3种选项中,回答支持(A)“应当征求所有被计划削减债权的债权人的意见”的仅为1人,仅占41份回收问卷的约2%。另外,得到最多支持的是(C)“仅与以主交易银行为代表的最大债权人约定”,选择该项的有18人,约占44%。

支持(A)的极少,(A)和(B)实质上的差异有很深的意义。在《法庭外重组指引》中，债务的延缓、减免等权利变更的对象，限定为主要债权人的债权。在民事再生程序中，普遍允许少额清偿债权，实际上权利变更的对象主要是金融债权人的债权。因此，就算（A）和（B）在表现上不同，但实际上结果并无差异。支持（B）的超过了15人，约占全部回收问卷的37%，而支持（A）的仅为1人。日本出现了与《美国联邦破产法》第11章相同的情况，即在申请民事再生程序之前与进入程序之后进行相同程度的约定，而这在实务中很难做到。从问卷调查结果可见，在实务中所有债权人参与事先约定存在很大障碍。

（三）约定内容的确定性

债务人企业与债权人的约定有各种类型。参加约定的债权人范围、重整企业的经营重整计划和财务重整计划应具体到什么程度，可体现到不同类型的约定中。根据《美国联邦破产法》第11章预重整程序的规定，事先约定内容应达到法定程序中表决的草案标准。因而，债务人企业在民事再生程序中提交再生计划草案时，必须争取债权人的支持以通过该草案。

在“调查问卷之2”问题3（2）中，与债权人约定的内容，依据成熟度由高至低设置了3个选项进行调研：（A）为“有必要与债权人约定债务减免率和清偿方式”，这源自约定内容应与再生计划草案内容高度接近的观点。（B）为“评估债务人企业的企业经营价值，可估算债权人受偿总额，但无须具体到每个债权人受偿的分配额”。（C）为“只要决定重整投资人，确定事业再生的大方针即可”，这是基于对具体内容基本没有要求，比较放宽的观点。

在个案中，事先约定应具体到何种程度，取决于债权人对债务人企业事业再生的期待。一方面，当债权人主要以回收已有债权为目的时，依据清偿额和清偿方式认可债务人企业的事业再生计划；另一方面，如果债权人与债务人企业继续维持交易关系时，除了关注已有债权的清偿额，更要关注以何种形式维持债务人企业的经营。

“调查问卷之2”问题3（2）的问卷调查结果（见图表6）比较分散。关于

(B)“评估债务人企业的企业经营价值,可估算债权人受偿总额,但无须具体到每个债权人受偿的分配额”与(C)“只要决定重整投资人,确定事业再生的大方针即可”。选择(B)的在回收的42份中有17份,约占40%,选择(C)的有16份,约占38%,(B)和(C)得到了大约同等的支持。另外,支持(A)“有必要与债权人约定债务减免率和清偿方式”的观点的有8份,约占20%〔3〕。

如前所述,依据债权人对债务人企业事业再生的期待不同,对债务人企业再生计划的判断依据也就不同。从金融债权人角度来说,除了供应商债权人之外,其对已有债权的回收率尤为关注。因而,可以推测金融债权人会估算回收债权的受偿额,也有可能要求债务人企业按特定的具体清偿额和清偿方式偿还。但是,“调查问卷之2”问题3(2)所示的问卷调查结果(见图表6)与推测相反。回答该问题的金融机构问卷有13份。这些答卷人并不完全是站在已有债权人金融机构的角度而言,支持(A)即约定中包括“有必要与债权人约定债务减免率和清偿方式”的约占金融机构答卷人的15%,仅有2份;支持(B)约定清偿总额的,仅有3份,约占金融机构答卷人的23%。在金融机构答卷人中,约占62%的8份支持(C),即“只要决定重整投资人,确定事业再生的大方针即可”。确实,债务人企业决定“事业再生大方针”时,主要考虑框架性方案。如果不存在具有实现可能性的替代方案,只要制定的大方针中的清偿额高于债务人企业的清算价值,即使债权人自身的清偿额度并未具体确定,满足该最低条件也能实现事业再生,这对债权人而言也是合理的。因此,债权人在没有其他更好的替代方案时,对债务人企业的“事业再生大方针”并不会提出异议,可能就会默认、支持。但是,债权人在无法预见自己的债权具体清偿额的情况下,也很难明示同意债务人企业的“事业再生大方针”。大多数金融机构选(C)的原因是,在日本实务中通常事业再生案需注意保密性,而且金融机构深刻认识到在申请民

〔3〕 支持(A)的回答约占比19%,此处系原著谬误。——译者注

事再生程序开始之前的阶段将约定内容具体化的难度，因此更重视防止信息泄露导致企业经营价值劣化的风险。

四、预重整型公司更生程序

（一）在更生程序中有效运用预重整

“调查问卷之1”和“调查问卷之2”的问题3、问题4调研的是，在法定重整程序中限定选择民事再生程序，启动重整程序之前的约定方式等问题。这是以民事再生程序比公司更生程序更适合衔接预重整为前提而设计的问卷。预重整，是将申请启动法定重整程序之前的约定，转移到法定重整程序中的模式。为了成功进行预重整，在法定重整程序中享有债务人企业经营管理权和财产管理处分权的人，应按事先约定行使权利。《日本民事再生法》采用所谓的DIP模式，原则上认可申请启动重整程序的经营管理层继续保留债务人企业的经营权和财产管理处分权，并规定由其提出再生计划草案。因此，在一般情况下，经营管理层在申请启动再生程序之后，会按照事先约定，行使债务人企业的经营权和财产管理处分权。参与事先约定的利害关系人对此也容易有所期待。《日本公司更生法》不采用DIP模式，申请启动更生程序之后，发出保全管理命令，债务人企业的经营权和财产管理权就专属于保全管理人。法院作出启动更生程序的裁定时，这些权限专属于财产管理人。由财产管理人提出更生计划草案，原经营管理层自然失去这些权限。因此，参与事先约定的主体，不应为债务人企业的原经营管理层，而应当是更生程序开始时由法院选任的财产管理人。但是，财产管理人不受事先约定的拘束，可自主决定是否维持或尊重事先约定。而且，财产管理人负有勤勉义务（也称“善良管理人的注意义务”），必须适当履行职务，怠于履行时，对利害关系人负有损害赔偿义务。所以，财产管理人即使尊重或维持事先约定，也要重新判断该事先约定是否符合利害关系人的利益。投资人等利害关系人在申请启动公司更生程序之前，与债务人企业进行事先约定时，就应当考虑到该约定在申请启动更生程序之后，存在事先约定得不到尊重或维持的风险。

如此，由于公司更生程序不采用DIP模式，故而与民事再生程序相比，实现事先约定更有难度。债务人企业的经营管理层在申请启动公司更生程序后实施约定的阶段，要意识到已失去了经营权，必须调整事先约定。因此，实务层面在公司更生程序中很难运用预重整。另外，公司更生程序与民事再生程序不同，可以约束担保权人、股东，是强有力的事业再生程序，可以有效地限定担保权人的权利行使，变更章程，发行新股或者新股预约权、债券，进行股份交换、股份转移、公司分立、合并等。如果能以这些方式实现事业再生，则在公司更生程序中也能维持或者尊重事先约定，适用预重整的需求也会增加。

“调查问卷之2”问题5调研的是公司更生程序与预重整的衔接，以及预重整的需求和接受程度。问题5(1)是对财产管理人在公司更生程序中是否尊重事先约定进行调查。问卷调查的结果十分明了(见图表7)，回收的41份问卷中，有39份支持“在公司更生程序中，如果申请程序前已作适当约定，就应当尊重并探究有效适用预重整程序的可能性”，约占95%。

图表7 “调查问卷之2”问题5(1)的问卷调查结果

问题5(1)	A	B	C
a. 国内金融机构	9	1	0
b. 外资金融机构	3	0	0
c. 企业	4	0	0
d. 基金公司	3	0	0
e. 财务顾问	3	0	0
f. 律师	8	0	0
g. 会计师	0	1	0

续表

问题5(1)	A	B	C
h. 税务师	1	0	0
i. 研究人员	0	0	0
j. 其他	5	0	0
不明	3	0	0
合计	39	2	0

(二)支持DIP模式的财产管理人被选任的可能性

为摸索在公司更生程序中有效运用预重整的可能性,如前所述,财产管理人在法律上、事实上不受事先约定的约束,因此需降低事先约定不被尊重或维持的风险。

2003年4月修改的新《日本公司更生法》规定,董事等被追究经营责任则不得任管理人。此规定可解释为,只要未被追究经营责任,公司的原经营管理层就可被选任为管理人。因此,参与事先约定的经营管理层被选为财产管理人时,与民事再生程序相同,虽存在事先约定不被维持的法律风险,但事实上可以提高事先约定的拘束力。选任债务人企业的原经营管理层为管理人时,债权人等利害关系人有可能不同意,因此必须考虑债权人的意向。

"调查问卷之2"问题5(2)以申请启动更生程序之前就参与债务人企业事务的管理人为对象,设置了3个选项:(A)为"申请公司更生程序时的经营者,如果符合债权人意向,也可以选任为经营企业的管理人",并在括号中附加了备注"包括选任与公司没有利害关系的、对破产事务熟悉的律师为管理人的方式"。(B)为"虽然管理层不被追究责任,但不希望原经营管理层为管理人时,可选任代理申请的律师为管理人"。该观点以参与事先约定时的经营管理层失去经营权、财产管理处分权为前提。经营管理层意识到自己将要退出经营,又必须参与事先约定,如果选任参与事先约定的代理申请的律师为财产管理人,作为参与事先约定的利害关系人,则可期待事先约定被维持或尊重。(C)为“申请公司更生程序之前的经营者或代理申请程序的律师,均不适合担任管理人”。该观点认为利害关系人虽参与事先约定,但是事实上该约定很难被尊重或维持。

问卷调查结果(见图表8)显示,在回收的41份问卷中约80%的答卷人支持(A)项,即选任申请公司更生程序之前的原经营者为财产管理人。进一步而言,实际上为了探索从经营者中选任财产管理人的可能性,通过该问卷拟探讨应在哪个阶段判断“经营者是否负有经营责任”、询问“债权人的意向”。

图表8 “调查问卷之2”问题5(2)的问卷调查结果

问题5(2)	A	B	C	D
a. 国内金融机构	7	2	1	0
b. 外资金融机构	3	0	0	0
c. 企业	4	0	0	0
d. 基金公司	2	1	0	0
e. 财务顾问	3	0	0	0
f. 律师	6	0	0	2
g. 会计师	0	1	0	0
h. 税务师	1	0	0	0
i. 研究人员	0	0	0	0
j. 其他	5	0	0	0
不明	2	0	1	0
合计	33	4	2	2

五、聘用财务顾问

为维持一定的保密性,同时迅速判断营业转让等,需有效利用专业的中介或专家建议。与投资人约定进行营业转让时，如有债务人企业之外的专家参与选定投资人或计算企业价值，则结果将更客观，债权人等利害关系人也更易于接受。

“调查问卷之2”问题6是，“在民事再生案和公司更生案中，应否聘用财务顾问计算债务人企业的企业价值、选择投资人”。(A)支持积极聘用财务顾问，即“对一定规模以上的大型企业或复杂案例，如果能期待财务顾问发挥出与报酬相匹配的作用，则应当积极聘任财务顾问”。持慎重态度的(B)为，“除非是明确要运用到财务顾问的专业特别知识的情况，否则应当消极地考虑雇用财务顾问”。问卷调查结果(见图表9)中，对聘用财务顾问持积极态度的最多，在回收问卷的41份中选择(A)的有34份，约占83%。

图表9 “调查问卷之2”问题6的问卷调查结果

问题6	A	B	C
a. 国内金融机构	8	2	0
b. 外资金融机构	2	0	1
c. 企业	4	0	0
d. 基金公司	3	0	0
e. 财务顾问	3	0	0
f. 律师	7	1	0
g. 会计师	0	1	0
h. 税务师	1	0	0
i. 研究人员	0	0	0
j. 其他	4	0	1
不明	2	1	0
合计	34	5	2

问题6是围绕“在进入民事再生程序或公司更生程序后，是否应聘请财务

顾问”这一问题而设置的。从鼓励适用预重整的角度而言,若聘请财务顾问参与事先约定,则进入法定程序之后,顾问在预重整程序中可持续发挥作用。如果在申请法定程序之后重新聘请财务顾问,则为了解债务人企业的经营、资产状况,又需花费时间和费用。参与事先约定的利害关系人,对新顾问能否维持或者尊重事先约定抱有疑虑。因而,在申请法定重整程序之前的阶段是否选择顾问对事后的程序有很大影响。关于聘请顾问这一问题,其是否合适、薪酬是否恰当等,在启动法定重整程序之后,由法院和监督委员会进行监督即可。但是,在申请法定重整程序之前的阶段,并不存在监督机构。在申请启动重整程序之前的阶段,应聘请顾问,关于顾问的选定、薪酬的确定,只要债权人同意即可。

结 语

(一)事先约定的类型化

在债务人企业计划实现事业再生时,只要预重整模式能维持、保全其企业经营价值,有助于保护利害关系人的利益,就应当积极推进。但是,如果预重整的定义、要件模糊不清,其效果就会具有局限性。申请启动法定重整程序之前的事先约定,通常有两种方式:一种方式为参与约定的利害关系人比较多,协商事业再生的具体内容,包括具体偿债;另一种方式为仅有部分利害关系人参与协商,只制定再生的大框架。如此,在事先约定参与人、内容不确定的情况下,适用模糊的预重整定义,赋予其相同的效果,其效果也只能停留在框架的具体性和确定性比较宽松的情况。在事先约定中,重整投资候选人承诺负担具体的成本、确定的债务,进入法定重整程序后,如果内容模糊的情况也被批准,则进入法定程序之前的事先约定就失去具体化的意义了。尤其是在投资候选人与债务人企业之间没有交易关系,与债务人企业解除关系没有任何障碍的情况下,债务人企业很难得到投资候选人的确切帮助。另外,如果与投资候选人的事先约定内容不确定，债务人企业也很难得到债权人的明示同意。

与其最终导致这样的结果，倒不如一开始就正面承认存在各种不同类型的事先约定，依据利害关系人的范围、内容确定性的不同，分类区别事先约定，对应不同类型来探讨其效果。即如果事先约定的内容具体、确定、恰当，则在事后程序中应赋予其强有力的约束力。反之，对于只做了大概预期的事先约定，可以考虑只赋予其较弱的约束力。如果对应事先约定的不同类型，能赋予其与具体性、确定性相应的效果，则投资候选人或债权人等利害关系人为了强化事先约定的约束力，更有动力参加协商并制定具体确定的内容。

即便如此，仍应激励事先约定达到在法定重整程序中提交的再生计划草案或更生计划草案所要求的程度。从秘密推进准备的必要性而言，在申请启动法定重整程序之前的阶段，在所有案例中要求具体且确定的约定也很不现实。如果强烈要求迅速性和秘密性时，事先约定可能就缺乏具体性、确定性。只赋予事先约定以较弱的约束力，并不意味着进行事先约定就失去了防止因为申请所导致的利害关系人的混乱、企业经营价值恶化的功能。

《美国联邦破产法》第 11 章明确规定了预重整模式，实务中是在具有比较宽松的事先约定的基础上申请第 11 章程序的，因而事先约定被称为预调整(pre-arranged)或预谈判(pre-negotiation)。因此，实务中认为申请第 11 章程序有 3 种形式(见图表 10)：(1)通过预重整的形式，与利害关系人约定具体且确定的内容；(2)通过预调整或预谈判形式，与利害关系人约定附加条件；(3)“自由落体”(Free Fall)形式〔4〕。

---

〔4〕“自由落体”，是指既没有采用预重整的方式，也没有采用预协商的方式的其他预先协商案件。“自由落体”这一名词传达了一个信号，即这些案件往往蕴含更大的风险，如那些最棘手、最复杂的重组事宜。参见丁燕：《预重整融资法律制度的立法价值与规则构建》，载《东方论坛》2021 年第 4 期。——译者注

图表 10 申请法定重整程序前约定并购

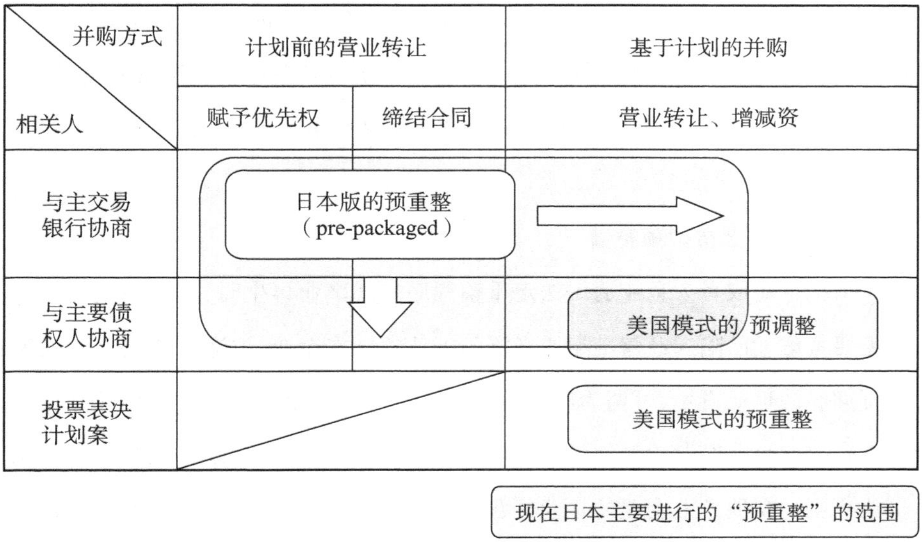

今后，应当依据债务人企业的规模、状况与利害关系人约定的方式进行必要的事先约定。从理论以及实务层面需进一步深化探讨。本文接下来将探讨在事先约定中，中小企业的预重整经常涉及的个人保证问题、上市公司维持上市的可能性。

（二）保证债务重整的约定

研讨会的问卷是以对投资候选人进行营业转让的事先约定为主要内容。对陷入经营不振、资不抵债的中小企业来说，并不容易找到投资人，也不适宜更换企业的所有者和经营者。如果未得到投资人的支持，就不存在与投资人的约定，此时事先约定主要是与债权人的协商。另外，在中小企业的债务中，经营者或者其他利害关系人成为保证人的情形很多，保证人有必要参与保证债务重组的事先约定。债务人企业进入法定重整程序后，债权人可以就未履行的剩余债务请求保证人履行。债务人企业的经营者为保证人时，经营者应考虑债务人企业的债务重组方式，同时需要考虑如何处理对自己保证债务的履行请求。经营者之外的人作为保证人时,也必须顾虑保证人会陷入何种境况。近期,在东京地方法院等法院,出现了债务人企业适用民事再生程序时,经营者个人也同时申请民事再生程序的案例。在中小企业适用法定重整程序中的预重整模式时,关于保证债务,债权人与保证人之间应当如何进行事先约定,成为今后的一个课题。

(三)维持上市型预重整

中型企业或者大企业适用法定重整程序实现事业再生时,还有一些其他事项需要考虑。已陷入经营不振或者资不抵债的日本企业,拟适用法定重整程序进行彻底的事业再生,可谓为时已晚。一旦到了着手进行事业再生的阶段,债务人企业的企业经营价值就已经显著恶化,仅靠自主的经营改善策略难以实现事业再生。在债务人企业的企业经营价值严重毁损的情况下,如果不投入新的经营人才,改善资本经营基础,想要再建企业就十分困难。因此,为了实现事业再生,十分有必要招募投资人。但是,最近陷入经营不振或资不抵债的企业,越来越认识到应该尽早着手进行事业再生。尽早着手,对债权人等利害关系人来说,可以减轻因事业再生而产生的成本。另外,最近会计制度已经大幅改革。从企业角度来说,不可忽视经营上或财务上的结构,特别是对于公开股份公司来说,来自外部的压力越来越大。为了给陷入经营不振或者资不抵债的企业打造一个尽早着手事业再生的环境,在企业经营价值还未显著毁损的阶段应适用法定重整程序进行事业再生。即便企业遭遇经营上或者财务上的危机,如果在早期就能着手事业再生,即使没有投资人和债权人的帮助,在进行财务重组的同时自行实现再建企业经营的可能性也比较大。如果陷入经营不振或者在资不抵债的情形下直接适用公司更生程序,理所当然要100%减资,但在企业经营价值还未恶化的阶段适用更生程序,则保留原有股东股份的更生计划被认可的可能性比较大。

证券交易所亦基于此思路重新审视了上市制度。东京证券交易所之前的做法是，适用了民事再生程序或者公司更生程序的企业一律终止上市。但是，东京证券交易所在2003年4月10日公布了“重新审视为实现早期事业再生的上市制度”，规定“即便上市公司申请启动再生程序或者更生程序，在一定的条件下，亦允许其继续上市”。为了维持上市，除“不计划进行100%的减资”和“自重整计划披露的次日起1个月内上市市值维持在10亿日元以上”的要件外，还要满足与事先约定相关联的两个要件：“申请继续上市的同时披露重整计划”和“处在预计重整计划被认可的状况”。因此，为了满足继续上市的条件，债务人在申请启动再生程序或者更生程序之前，就得事先确定以再生计划草案或更生计划草案为基础的具体内容。据对实务界人士的调查结果显示，很难在申请启动法定重整程序的阶段，就有广泛的债权人参加，事先约定具体且确定的内容。从现状来看，满足继续上市要件而申请成立的可能性极其有限，唯一可能出现的情形就是基于《法庭外重组指引》的债务调整协议，但常以失败告终。上市公司的事业再生，若准备选择维持上市型的再生程序或更生程序维持上市，则不仅要考虑其成本，还要探讨其优势，并在此基础上考虑债权人与股东权利的变更。有关资产评估转换等财务报表，一般需要依照公正妥当的会计基准进行财务审计并附上公正意见。围绕此类问题，应探讨其在实务中出现的障碍，以及利害关系人之间所实施的具体且确定形式的事先约定在程序方面实现的可能性。

资料“调查问卷之1”

“预重整模式事业再生的当下课题”调查问卷之1

陷入经营危机的企业,可以适用民事再生程序以及投资人并购的方式实现事业再生。申请启动民事再生程序带来信用危机,导致企业经营价值恶化时,在以下的A说、B说或者修正的B说中,您支持哪一种?

A说:尊重申请民事再生程序前的约定

债务人与投资人之间,在申请民事再生程序前做了适当的约定时,此约定在申请之后也应当维持。

(投资人的观点)

如果在民事再生程序启动之后也维持约定,就能够保证可预测性,所以从申请启动民事再生程序之前的阶段开始,可确定投资人。

(债务人的观点)

如果有投资人确定投资,就可以避免申请民事再生程序导致的混乱。

(供应商债权人的观点)

在申请民事再生程序阶段,如果已经确定了投资人,便能够预测债务人的企业经营前景,易于判断是否继续今后的交易。

(金融债权人的观点)

在申请民事再生程序之前的阶段,很难判断是否与投资人做了适当的约定。申请后,如果出现提出更高收购价格的投资候选人,就错失了增加清偿资金的机会。

B说:确保申请民事再生程序之后有再次讨论约定的机会

无论申请民事再生程序前的约定是否适当,都应当确保债务人有解除约定、变更投资人或者修改约定的权利。

（金融债权人的观点）

因为申请民事再生程序后，是在法院的监督之下选定投资人，所以可以确保收购条件的合理性，完全排除申请程序之前的不公平现象。此外，申请民事再生程序之后，接受更高收购价格，可以增加清偿的资金。

（投资人的观点）

无论申请民事再生程序前做了多么适当的约定，在申请后都有可能出现出价更高的投资人。投资人在申请程序前的阶段必须考虑申请带来的消极影响，再决定是否对债务人投资。但是，在申请带来的消极影响告一段落后，仍有可能被出价更高的投资人替代，故投资人在申请程序前难以决定是否对债务人投资。

（债务人的观点）

虽在申请民事再生程序后有再次考虑更好约定的机会，但是在申请程序之前要得到投资人的投资就会变得很困难。

（供应商债权人的观点）

虽然希望在申请民事再生程序后出现更适合的投资人，但是并不希望因为投资人的变化，而使债务人的企业经营预期发生变化。

修正的B说：确保申请之后有再次讨论约定的机会（附加对申请时的投资人进行金钱补偿）

与B说相同，无论申请民事再生程序前的约定是否适当，都应当确保债务人有解除约定、变更投资人的权利。但是，当申请程序前的约定对维持、保全债务人企业经营价值有贡献时，应当从新投资人支付的收购资金中拿出部分，对申请程序前就决定投资的投资人予以补偿。

（投资人的观点）

虽然希望申请民事再生程序前的约定在被变更的情况下也能够得到金钱补偿，但在目前阶段，能得到多少金钱补偿尚未清楚。所以，很难在申请程序前确定对债务人进行投资。

（金融债权人的观点）

希望在申请民事再生程序后，有一定的机制能确保再次进行约定，但是对于从收购资金中拿出部分作为原投资人的补偿金的观点并不认同。

（供应商债权人的观点）

虽然希望能够确保在申请民事再生程序后进行再次协商的机会，但考虑到投资人变更会带来不安定，以及金钱补偿会带来清偿资金减少，因此对此点表示不认同。

（债务人的观点）

应当确保债务人在申请民事再生程序后可以进行更好的协商的机会，并且对申请程序前决定的投资人应予以补偿，但是很难确定让投资人与债权人双方都能够接受的价格。

资料“调查问卷之2”

“预重整模式事业再生的当下课题”调查问卷之2

请就今天研讨会“第一部分预重整模式事业再生”单元中须藤的报告《关于预重整模式事业再生的建议》发表意见。

问题1　选定投资人等后申请民事再生程序——第一层意义的预重整型程序

您如何看待“选定投资人等后申请民事再生程序——第一层意义的预重整型程序”?

(A)完全赞成;

(B)认同建议的大方向,但是个别地方还应当修改;

(C)反对该建议。

※对于建议的内容,认为需要评价的地方或应当修改的地方请自由回答。

问题2　法庭外重组与公司更生等程序衔接——第二层意义的预重整型程序

您如何看待“法庭外重组与公司更生等程序衔接——第二层意义的预重整型程序”?

(A)完全赞成;

(B)认同建议的方向,但是个别地方还应当修改;

(C)反对该建议。

※对于建议的内容,认为需要评价的地方或应当修改的地方请自由回答。

问题3　申请民事再生程序前债权人之间的约定

在日本,“预重整”是一个多义词。关于如何适用民事再生程序中的“预重整”程序,如何处理申请民事再生程序前的约定,请回答以下问题:

(1)参加申请民事再生程序前参与约定的债权人范围

在申请民事再生程序前,债务人企业与债权人约定时,您认为达成协议的债权人范围应该如何确定?

（A）从确保债权人发言权的观点出发，从申请民事再生程序前的约定阶段开始，就应当征求所有被计划削减债权的债权人的意见；

（B）应当参照《法庭外重组指引》，从申请民事再生程序前的阶段开始，就应当在所有的主要金融债权人之间约定；

（C）为了防止由于信息泄露导致的信用风险，为维持、保全债务人企业的经营价值，在申请民事再生程序前的阶段，仅与以主交易银行为代表的最大债权人约定；

（D）其他。

（2）申请民事再生程序前约定的内容

申请民事再生程序前的约定，要具体确定到什么程度？

（A）从申请民事再生程序前的阶段开始，有必要与债权人约定债务减免率和清偿方式；

（B）有必要在申请民事再生程序前的阶段，评估债务人企业的企业经营价值，可估算债权人受偿总额，但无须具体到每个债权人受偿的分配额；

（C）在申请民事再生程序前的阶段，很难准确计算债务人企业的经营价值，只要决定重整投资人，确定事业再生的大方针即可；

（D）其他。

问题4　申请民事再生程序前关于营业转让的约定

（1）申请民事再生程序前的营业转让合同

适用民事再生程序中的营业转让实现事业再生时，债务人与营业受让人之间，在申请程序前的阶段要进行何种程度的约定呢？

（A）在申请民事再生程序前的阶段，与营业受让人缔结确定收购价格的营业转让合同；

（B）在申请民事再生程序前的阶段，与营业受让人很难充分交涉，所以在申请时有强有力的受让候选人就足够，没有必要签订确定收购价格的营业转让合同；

（C）申请民事再生程序前的阶段没有必要与受让候选人约定；

（D）其他。

（2）解除申请程序前约定而提供的金钱补偿

基于申请民事再生程序前的约定，受让人会尽力降低因申请而导致的信用风险。所以，在申请程序前的约定被解除而进行营业转让时，从新的受让人的收购资金中拿出一部分对原受让候选人进行金钱补偿。对此，大家有什么想法？

（A）在申请之后解除事先约定，变更为其他的受让人时，对帮助债务人度过因申请而导致的信用危机的受让人，应当提供与维持、保全企业经营价值的贡献相当的金钱补偿；

（B）在申请民事再生程序时，即使存在对维持、保全企业经营价值发挥作用的受让候选人，但由于解除合同的补偿金只能从用于债务清偿的收购资金中支付，因此无论受让候选人对企业经营价值的维持、保全贡献了多少，对其的补偿都只能限于其支付的实际费用；

（C）申请民事再生程序时，无论受让候选人是否对维持、保全企业经营价值发挥了作用，都无须对受让候选人进行金钱补偿；

（D）其他。

问题 5　适用公司更生程序的预重整

（1）在公司更生程序中进行预重整的可能性

在公司更生程序中，债务人企业的企业经营权、财产管理处分权专属于管理人。如果申请公司更生程序前的约定适当，管理人是否应尊重申请公司更生程序前的约定，探究有效利用预重整的可能性？

(A)在公司更生程序中，如果申请程序前已作适当约定，就应当尊重并探究有效适用预重整的可能性；

(B)在公司更生程序中，应当重视确保程序的公正性，没有必要探究如何有效利用预重整；

(C)其他。

(2)从申请公司更生程序前的利害关系人中选择财产管理人的可能性

新《日本公司更生法》明确规定，应选择没有经营责任的经营者为财产管理人，若选择在申请公司更生程序之前就参与公司经营或是代理申请的律师为财产管理人，如何？

(A)申请公司更生程序时的经营者，如果符合债权人意向，也可以选任为经营企业的管理人包括选任与公司没有利害关系的、对破产事务熟悉的律师为管理人的方式；

(B)虽然管理层不被追究责任，但不希望原经营管理层为管理人时，可选任代理申请的律师为管理人；

(C)申请公司更生程序之前的经营者或代理申请程序的律师，均不适合担任管理人；

(D)其他。

问题6　聘任财务顾问

近来，在大型企业的事业再生案中，聘任投资银行或者是审计法人为财务顾问的例子屡见不鲜。在民事再生案和公司更生案中，应否聘用财务顾问计算债务人企业的企业经营价值、选择投资人？

(A)对一定规模以上的大型企业或复杂案件，如果能期待财务顾问

发挥出与报酬相匹配的作用,则应积极聘任财务顾问;

(B)财务顾问的报酬,从清偿资金中支付,所以除非有明确需要财务顾问的特殊知识技能的情形,否则对聘任财务顾问持消极态度;

(C)其他。

(陈景善、欧星 审校)

第三编　预重整杂感

本编收录了与“小组讨论”内容相关的杂谈与感想。

预重整中必须牢记的“两个要点”

[日]佐山展生* 著 欧 星** 译

上一编明确了预重整的 7 个决定性要件,均为必不可少并且得到广泛认可的要点,笔者在本部分拟强调预重整程序必须牢记的两个要点。

一、应该确定预重整收购合同项下交割时的收购条件

收购合同中必然提及收购条件,但收购条件确定的时间往往是交割时而非合同缔结时。换言之,合同中常附“交割条件”。具体来说,交割条件可以是取得法院或相关政府部门的许可、召开债权人大会,也可以是收购方召开股东大会或筹措资金等。重点是,合同缔结与交割存在时间差。合同缔结时看似已确定的收购条件,在实际交割时可能发生变化。举例来说,合同中明确记

---

* 尤尼森资本(Unison capital)股份公司代表董事合伙人。

** 四川省高级人民法院法官助理。

载“以100亿日元收购某项目”，但又约定交割时可以根据情况调整收购价格。如果其调整方式为“双方可根据交割时的经营情况协商决定最终价格”，则不能认为在签订合同时收购价格实质上已明确。如果实际收购价格不明确，很难进行再投标时，等于给予了收购方在交割时的独家谈判权。收购条件不明确的最典型例子就是仅约定“成为投资人”这一条件的预重整。我们在以往的破产案例中经常看到，为了增信而选择大企业作为投资人，但其后果是大企业利用较长的期限达到实际控制后才提出收购条件，如此一来便无法确保公允的收购条件。

综上所述，作为预重整成立的前提条件，需要明确交割时收购价格的公式等，使“收购合同项下交割时的收购条件得以确定”。

二、预重整中的投标对象与破产申请后的投标对象不同

笔者在研讨会的小组讨论中也提到过，“关于预重整，我们必须认识到申请破产程序前预测的投标对象，与破产申请后破产损失已确定的条件下的投标对象并不相同”。这一理解成为这次讨论预重整模式破产处理的前提。

在预重整中，债务人在申请破产程序前首先与多个潜在重整投资人接触，并选择最合适的与其签署转让协议。在该阶段，潜在投资人在申请破产程序前评估的是，破产申请后在一定程度上会产生损失的业务板块（图表1中Ape表示破产申请后业务的预测值）。由于申请破产后的交易稳定性不透明，因此Ape往往低于申请破产前的价值（价值B）。

与此相反，企业通过预重整使经营趋于稳定之后，即破产导致的影响逐渐明朗之后，企业价值（Ap）肯定不同于之前的预测值Ape。根据申请破产程序前后处理方式的不同，Ap的变动趋势也有所不同，如处理方式得当，Ap会大于Ape，反之，Ap则小于Ape。

图表 1　破产程序中预重整的预测效果

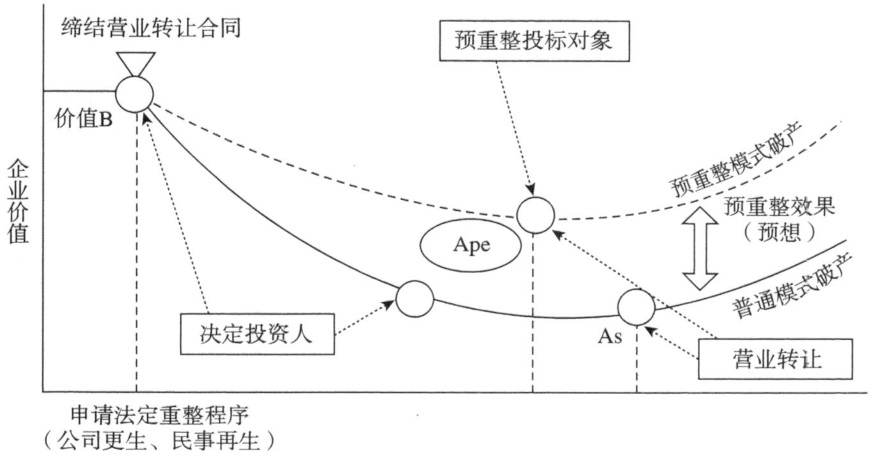

图表 2　破产程序中预重整的实际效果

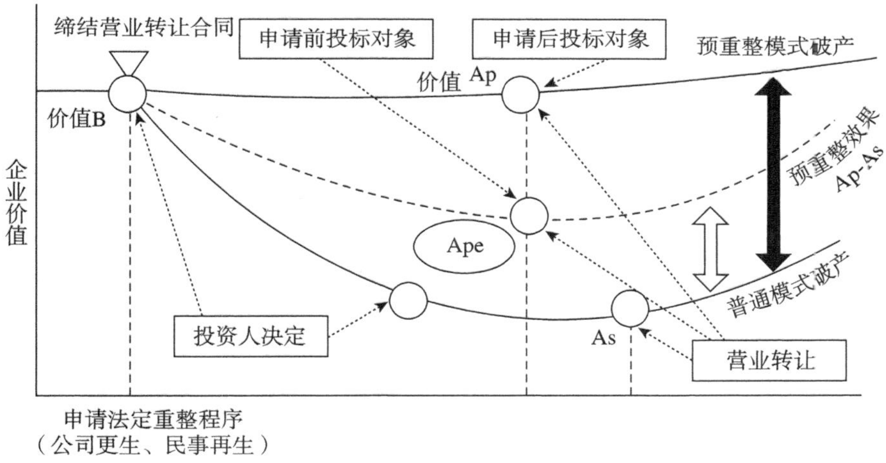

综上所述，预重整处理过程中要充分认识到，申请破产程序前预测的投标对象，与申请破产后破产损失已确定的条件下的投标对象并不相同。因而，在申请破产前已经确定合适的投资人的情况下，讨论是否因收购价格提高而重新竞标的问题（见图表2）。希望诸位参考拙作《预重整中投资人选任规则的重要性——以东鸠案例为素材》(商事法务编:《再生、重组案例集 3》,商事法务出版社 2004 年版),可以进一步加深对本文观点的理解。

(张婷、张江萍　审校)

“预重整”的应用与展望

[日]清水通德* 著 崔延花** 译

引 言

2003年11月29日,本人有幸出席了事业再生研究机构组织的研讨会(会议主题为“预重整模式事业再生的当下课题”)并发言。本人因从事事业再生实务工作,比较重视个案分析,但缺乏从全局性视野审视事业再生现状与问题的意识。以下是关于事业再生实务工作的简单总结,供参考。

一、基本思路

(一)预重整模式事业再生的定义

近年来,企业再建广泛运用预重整。这一概念源于美国,在日本其定义尚未明确。

阿部律师在研讨会报告中提到美国对预重整作出

* 瑞穗银行企业第一部副部长。
** 中国政法大学外国语学院副教授。

了定义。但我们在此探讨的"预重整模式事业再生",实际上是指"尽管事先未就重整计划得到债权人同意,但债务人与投资方签署协议并进入法定程序的方式"。这是日本特色,与美国的预重整定义差别巨大。正如 DIP 制度,虽然在文字表述上相同,但在内容上大相径庭。

①美国的预重整模式下,主要债权人需在申请第 11 章程序之前的阶段确认债务人企业的财务状况、重整计划草案等,然后申请第 11 章程序,使重整计划草案尽快获批等。与第 11 章程序相比,预重整程序可以最大限度地缩短破产程序的期间、减少费用(时间与成本),同时债务人的经营混乱状态也可降到最低限度,尽可能控制业务损失。

②根据申请第 11 章程序前是否已完成对重整计划草案的投票,可分为纯粹的预重整型程序(狭义的预重整型程序)与谈判型程序(事先协商型)。

(二)主交易银行对预重整的基本思路

从主交易银行的角度来看,其并不认为事业再生必须有投资人,但在实务中,不能提交"上来就干,不干不知道结果"的重整计划。因此,通常会考虑事先尽量与销售方、采购方、准主导行等约定继续支持的协议。在申请法定重整程序、《庭外重组指引》中的暂停通知、产业再生机构决定支援等重大事项发生时,为了将企业价值受到损毁的可能性降到最低,防止利害关系人(持股人)快速脱离债务人,一般会事先制定好重整计划,从不同角度探讨各种问题。如采取根本性裁员措施会对债务人公司产生多大的负面影响,为消除过高债务需申请多少的债务免除,能否使用债转股等方式,能否得到一般债权人及股东的同意与继续支持等。

另外,并不是企业完成了负债压缩就等同于完成了重整。在落实重整计划的过程中,如果认为有必要从外部注资或者需要引入新的经营者,那么在开始阶段或重整程序中就应引入投资人。正如佐山代表所指出的,针对企业价值在1周内有可能发生重大损失的行业或者损失不断扩大的企业,有必要在公布重整计划时列明投资人或合伙人的具体名称。引入投资人是事业再生的有力思路之一,而且能促成稳定性较强的重整计划,但需要在彻底分析整个企业重整计划的基础上辨别是否需要投资人,如果需要则要与投资人充分沟通意见后,判断在哪个时间点以何种形式引入。但是,本人对“最开始就需要投资人”的观点持不同观点,尤其是对希望通过债务免除给予最高级别支援的一方来讲,并不太容易接受债务人在事先并不非常了解的情况下与投资人签订合同,进入法定程序。

此外,投资人中既有财务投资人也有战略投资人,银行很关注选择何种投资人会对后续企业重整产生影响,左右企业重整的结果,影响与银行的持续性交易,因此银行也会特别关注这些问题。

银行的主要目的是将现债权人的损失控制在最小限度内(收购最大化),而投资人则更关心在债权人承担部分债务的前提下如何实施安全有效的投资以实现业务的持续发展,二者利益相互冲突。因此,在实务中,一旦遇到投资基金公司等金融公司,就会不自觉地有所抵触。此外,主导银行在参与企业裁员的过程中,对企业“动刀”越多越能认识到企业实际状况的严重性,并意识到商业银行在事业再生程序中的局限性及时间的紧迫性。具体来说,银行认为时间越长,企业情况会愈加恶化,从而损失越大。当银行感到不妙时也许就到了“今天的100日元变成明天的50日元”的地步。往往在这个时间点上,银行会意识到非常有必要引入投资人。

谈一点本人在日常工作中的体会。在日本,银行对已经陷入经营困境的债务人仍然提供融资服务,但多数债务人在公司真正深陷经营困境之前,困境意识薄弱,无法想象更换企业经营者。这也从侧面反映出历经数次斟酌制定的重整计划仅停留在纸面,而无法彻底落实的现状。企业裁员很难实施的另一个原因是债务人一旦彻底实施裁员，就会显现财务超支情况，所以由于银行的财务原因，一直限制彻底裁员。

无论如何，以往的事业再生（近年来，事业再生的形式也在发生日新月异的变化）须经如下步骤：(1)判断是否有必要因主导银行的债务免除而裁员；(2)传达对债务人企业资金支持的上限；(3)允许投资人的增资。目前的常规做法是在走完上述步骤后再邀请投资人。

二、围绕日本特有的预重整现状（其他发言人的论点）

1. 选任投资人的程序由债务人企业主导，因而作为债权人的银行常被置于程序之外，直到公布结果时才知悉。

2. 保证选任投资人程序严谨、恰当，并且在提交申请后应当尽到说明义务，然而在实务中很难达到这一标准。

3. 是以经审计的上市公司等大型企业为对象，还是以做假账成行的中小企业为对象，协商结果会截然不同。筛选投资人时，即使事先秘密进行财务分析，但仍与公布的资产负债的评定结果大相径庭。投资人与债务人是在考虑到这些情况后才签订合同的。

（一）关于论点①

说来惭愧，我们平日的工作重点是围绕存在问题的债权展开，我们与论点①的观点不同。在外界看来，银行一般在问题债权的处理上着手缓慢，因此在不少案例中被债务人赶出队伍之外，主要由债务人、投资人、咨询公司推动重整计划。

企业裁员本应在最能深刻意识到经营困境的债务人提出重整计划，并向债权人提出支援申请的前提下进行，但是无论在美国还是在日本，债权人通过重新考虑交易条件等方式向债务人施压，并由主导银行推动企业裁员的处理方式较为常见。陷入经营困境的债务人从筛选投资人到签订合同的整个过程中都不通知银行,其主要原因是“向银行咨询会导致计划受阻”。这虽然已脱离了正常的交易状态,但银行还是默认,不可否认这与银行没能准确管理、掌握债务人的经营情况,未能取得债务人的信任有很大关系。但是(不是突然改变态度),如果真的存在上述问题,那么相较于银行不采取任何措施任凭企业价值跌落,跳过事先调查预先安排投资人的做法更为可取。只要没有可行性较强的其他备选方案,银行就应积极接纳上述状况。关于这一观点,雷曼公司的村上曾提出:“日本应加速事业再生的过程,不应过度在意成交价格的高低,投资人尽早介入是关键。一旦经过严格筛选并确定投资人,即便在企业申请破产后出现出价更高的买方,银行与债务人都应摆正心态,坚持选用最初的候选人,这一做法对日本来说是最合适的。”我也基本赞同此观点。也许有人对此表示反感,认为“无法接受债务人擅自与投资人签订的合同”,或者认为“这种做法欠缺透明性与公正性,很难对外解释”。即使有上述异议,但因作为银行方我们也无法提供解决对策,所以我们赞同让投资人尽快介入程序,无须为纳入银行意愿而拖延进程。

(二)关于论点②

本人曾提出,申请民事再生程序前进行的投资人选任工作能否延续到法定程序中,取决于“选任程序是否公平、公正,是否确保了经济合理性”。对此,松岛律师提出了上述论点②。随着投资基金公司的数量日益增加、竞争越发激烈,投资人选任程序不透明、无法保证公平的个案逐渐出现。

尤尼森资本(Unison capital)公司的佐山代表也补充了下述观点:“部分合同过于随意,仅明确了成为投资人,完全不提及各项条件。该内容称不上是合同。至少应在合同中规定最基本的数据、业务价值,以及提交申请后的预估损失金额(如月营业额等),签订合同的前提是要签一份任何一方都能够通过客观计算得出企业收购价格的合同。”

对于上述观点，尚且不论是否采用须藤所提出的指引，事业再生的各相关方（债务人、投资基金公司、投资银行、法务人员等）至少应将“在公平合理的程序中明确指出条件”作为实际工作中的基本准则（general discipline）。同时，法院、监督委员、资产管理方等应始终坚持“杜绝无条件批准、不批准不合理事项”的原则，以此形成较为严格的监督环境。

（三）关于论点③

申请民事再生程序前后，债务人经营情况精确度会存在差异。因为申请程序前仅凭有限的时间、有限的信息推算出的企业价值，与申请程序后以法院介入后所提供的信息为基础实施尽职调查并推算出的企业价值，可能相差甚远，以至于怀疑评估对象是否相同。如何确保申请程序前后企业收购价格保持平稳是一个大问题（正如论点②中佐山提出的观点）。能够想到的解决方案是，应尽可能全方位考虑价格变动的要素，提出的条件须通过公式化的方式体现设定价格。能够提出这种公式化条件的投资人，很有可能局限在那些投资业绩好、有能力用数据精心分析投资对象的投资人中。然而，具备此能力的投资人未必是最合适的，这也是一个比较棘手的问题。

三、结语

此次论坛上大家普遍反馈“在日本的实务处理中，无担保债权的偿还率过低”，接下来我简单总结一下采取“预重整模式”对环境产生的影响。

去年6月，我赴英美参加调查时受到了强烈的冲击——在美国，所有企业股东参与制定维持、提高企业价值的计划。在业务转变计划中，律师、会计师以及业务专家、咨询师、经营顾问、评估师等专家团根据需求参与制定计划，债务融资方包括DIP融资方、现有贷款方、二级市场以及股市上的交易员、投资者等。通常，问题企业以有息负债/EBITDA（Earnings Before Interest, Taxes, Depreciation and Amortization）的7～8倍的数字申请，最终将债务负担降低至

3～4倍并离场。各方专家参与制定计划并形成商业模式的事实,也从侧面印证了企业在价值跌落程度较轻的阶段就已经启动业务转变程序,有在1周时间内花费800万美元律师费用的案例。

与英美不同,日本国内迄今为止的很多案例是债务人先用尽一切方式融资,当企业没有可出售的资产时才申请法定程序。其原因也主要在于银行方,主导银行持续为企业提供资金服务直到最后。但是,在陆续修订金融监管程序、自查基准后,"惯例做法"受到了越来越严格的制约。此外,日本先后出台了紧急经济对策"2年、3年规则"、根据紧急再生计划至2003年5月为止"公开不良债权减半"等政策。在强烈的行政干预下,近两年来企业破产前表外融资发展迅速,主导银行已经开始从根本上着手处理需要管理的企业、从需要注意的企业下滑至需要管理的企业等问题企业。今后,企业价值损毁程度较轻的企业将更有可能成为预重整模式事业再生的对象。

如上所述,在外部环境瞬息万变的今天,我在工作中确实感受到日本国内的实务操作也在发生日新月异的变化。在较短时期内可能呈现以下变化趋势:(1)问题债权的处理、企业的重组呈现早期化趋势,组织对应的手段及方式日益共通化、普遍化;(2)法定程序与庭外重组逐步靠拢,企业将主动利用法定程序;(3)实务派生出商业模式,各功能领域更加专业化;(4)贷款方式逐步由双边贷款向银团贷款过渡,信用管理更加精细化等。真挚希望此次关于"预重整"的探讨今后在实务中发挥有效作用。

(张婷、张江萍　审校)

庭外重组指引的适用性以及灵活应用

[日]松岛英机* 著 崔延花** 译

围绕预重整，日本尝试从理论出发制定普遍适用的操作指引。然而，我们不禁产生疑问，为推动预重整在日本迅速发展，制定指引并僵硬照搬实施的做法能否真正起到作用？对此，事业再生研究机构预重整委员会成员须藤英章律师提出七大建议，可以说这是推动企业高效率重整的积极尝试。主要内容概括如下：

①事先不选定投资人会导致企业经营恶化；

②募集投资候选人的目的是实现实质竞争；

③招标条件中不应包括任何可能导致并购价格降低的不合理事项；

④选任重整投资人的程序，不得有任何不当的处理方式；

* 律师。

** 中国政法大学外国语学院副教授。

> ⑤与投资人签订的合同内容不得对企业不利；
>
> ⑥在选任投资人的程序中，应附上第三方出具的公正意见；
>
> ⑦投资人严格执行合同，不负期待真正发挥作用。

在研讨会上我们围绕以上几个要素展开了激烈讨论，佐山先生提出："第六个要件所指出的'公正意见'，虽不是必需条件，但有必要通过值得信赖的第三方提供意见书来确认其他要件是否得到了满足"；清水先生从金融机构的角度提出意见："必须保证整个选任程序公正、透明，各个环节都要做好解释说明工作，保证不遭到质疑"。以上观点均如实反映了发言人的立场，极具说服力。在制定操作指引时，应将这些观点作为根本因素加以考虑。

然而，须藤律师提出的七大建议仅停留在理论层面，直接将这些原则套用在实际工作中则十分困难。我作为资产管理方以及委托代理人，在工作中有机会接触法院以及协助事业再生的投资人，认为以上建议在日常实务工作中的操作层面上稍有困难。

在实务中，作为监督委员、资产管理方能够适当调整好应该考虑的股东的利害关系即可。但现实并非一定如此，适用固化的、形式化的规定缺乏灵活性。

为促进事业再生尽早启动、尽快办理，亟须制定事业再生流程指引，尽管如此，在应用上还是希望具备灵活性，具有可以酌情处理的余地，而不是照搬指引。

（陈景善、张江萍　审校）

预重整模式事业再生期待的要素

——回顾研讨会

[日]村上宽* 著 崔延花** 译

引 言

参加事业再生研究机构主办的关于预重整模式事业再生的专项讨论,收获颇丰。平时在实务中形成的片面理解和感受,在聆听各位专家见解的过程中得到了理论上的梳理。4名发言人分别站在投资基金公司(投资候选人)、银行(债权人)、律师(管理人/监督委员)以及咨询顾问(投资候选人一方或债务人、财产管理人、监督委员一方的代理人)等不同专业立场探讨预重整模式事业再生,使这个课题结构得以立体化。本文参考此次专项讨论的基调内容——须藤律师提出的《有关预重整模式事业再生的建议》(以下简称须藤提案)以及各位专家的发言,结合己见重申几个关键问题。

---

* 雷曼兄弟证券公司东京分公司投资银行本部总经理。

** 中国政法大学外国语学院副教授。

本文所论述的“预重整模式事业再生”，其定义为事先未经债权人同意，仍与投资人签约并启动法定程序的情形。事实上，“预重整”的最初含义为重整计划已事先取得债权人同意，启动法定程序的目的仅在于使其具备法律上的约束力。研讨会上阿部信一郎律师的报告《美国与英国的预重整型破产程序》（以下简称阿部报告）中也明确区分了这两个含义：一种是传统意义的“（纯粹）预重整模式”，这一做法的唯一目的是使重整计划具备法律拘束力；另一种是“事前协商型模式”，其做法是启动法定程序前不必取得债权人的正式同意（取得口头同意即可），启动程序后再通过债权人投票正式批准重整计划。须藤提案中同样对这两个含义加以区分，与阿部报告中的定义存在少许偏差，将“事前协商型模式”称作“第一层意义的预重整型程序”，将“（纯粹）预重整模式”称作“第二层意义的预重整型程序”。本文所探讨的预重整模式事业再生为事先无须取得债权人同意的处理方式，即阿部报告所称的“事前协商型模式”，须藤提案所称的“第一层意义的预重整型程序”。

一、预重整模式事业再生最近广受关注的原因

此次探讨的主题——“预重整模式事业再生”为何在今天广受关注？本人认为，主要原因在于当今的日本经济仍需处理数量众多的事业再生案件，在此背景下，以企业的主交易银行为主导的日本传统型事业再生机制很难发挥作用。日本传统做法是债务人的主交易银行在事业再生的过程中，从派遣企业经营者、推荐交易方到安排企业收购方等环节广泛发挥主导作用。然而，在“泡沫经济”破灭后，特别是近些年来，这一结构越来越难以发挥作用，主要原因如下。

（一）与债务人一对一形式的银行交易制度的局限性

首先，传统意义的一对一形式的银行交易制度存在局限性。与欧美等地的银团贷款方式不同，一对一形式的交易形式导致各家银行的交易条件各异、担保对象的资产也五花八门。其次，虽然主交易银行希望主导再生程序，但极易

形成“主交易银行与其他银团对垒”的局面，导致主交易银行在现实中面临艰难的协商问题。近年来银团贷款在日本市场逐步普及，我认为事业再生（特别是预重整）问题归根结底是银行与其企业客户的交易习惯的问题。这意味着包括银团贷款在内，银行与企业客户之间的关系有望逐步得到改善。[①]

（二）“关联责任”与“过度依赖主交易银行”问题

近年来一些观点认为，主交易银行积极参与债务人事业再生反而存在风险，即所谓的“关联责任”。具体来说，就是“深度参与债务人经营活动的债权人应对其经营结果负责”。这一观点在美国等国家广受支持，实务中相关诉讼（股东对银行提出的诉讼）案件也不在少数。虽然在日本该类型的诉讼尚不多见，但这一理论已经对银行的行动产生了巨大影响。具体来说，只要银行尚未长期深入参与债务人的经营活动且形成无法彻底脱离干系（事实上这样的情况并不少见）的情形，应尽量避免对债务人经营活动的新的介入或者加深以往的参与程度，此种做法对银行来说属于合理规避风险的行为。此外，基于主交易银行参与企业经营的原理，可能发生“过度依赖主银行”的问题，造成主银行过度放大对于债务人的风险敞口，因而主银行也难以在事业再生中起主导作用。

（三）事业再生所需资源的社会性分布不均匀

事业再生所需资源问题在实务中应个案逐一处理，其繁杂程度与债务人的企业规模不一定有关。银行在自身不良率过高的情况下，在每个事业再生案件中起主导作用而安排充分的人力、财力是很难做到的。在一些重大且银行已经与债务人经营难脱干系的案件中，银行为事业再生优先配置资源是不得已而为之。同时，幸运的是在企业并购逐步普及、利率持续低迷的背景下，积极参与事业再生的投资人，其资金准备（风险资金）特别是投资基金十分充足。因此，可以说与过去以主交易银行为主导的传统事业再生方式相比，如今事业再生所需的社会资源从单一化走向多元化。

二、须藤提案与预重整模式事业再生的社会意义

基于上述考察，笔者总结了研讨预重整模式事业再生的目的：(1)在日本经济进入低增长期，产业结构改革的背景下，事业再生的需求日益增多；(2)社会资源有限，传统的主交易银行制逐步转变为银团贷款制，这些原因导致今后几年银行对债务人事业再生很难发挥主导性作用；(3)以投资基金为主的风险资金十分充足，那么，如何有效利用这些资金加速推动日本事业再生发展呢？

以上便是须藤提案及此次预重整模式事业再生研讨会的社会意义。换言之，我们此次进行的探讨，既不是对法律理论的学术研究，也不是对个别案件的分析，而是针对如何应对日本经济突发状况建立一种社会性共识，是对如何加速推动日本事业再生发展、尽快促进经济复苏的探讨。每个事业再生案件都不尽相同，无法一概而论。但是我们仍需要努力总结出具备普遍适用性的操作指引，因为这是日本经济的需要，也是事业再生工作现实的需要。

追溯预重整投资人的问题，可归结为"在债权人尚未完全同意的情况下选任出的投资人，在法定程序中能否得到认可"。债权人考虑的问题是，包括选定投资人在内的整个重整计划制定的过程是否有利于最大限度回收债权。毋庸置疑，对债权人来说，最优先考虑的事情就是"最大限度回收债权"，在这一问题上不会有任何的疑义。问题是当每一个债权人都努力最大限度回收债权时，在日本历来的银行交易习惯下，一对一形式的主交易银行制度会导致每一个债权人回收债权的条件各有不同(有无担保、抵押等)，从而债权人的意见无法形成统一，以至于无法与拟投入风险资金的投资人签署合同。如此一来，浪费时间的同时导致企业价值下跌。综上，即使未经债权人完全同意选任出的投资人，只要这种安排有利于全体债权人且合理可行，那么就应当在后续法定程序中认可与该投资人签署的合同。

此外，具有普适性的操作指引可以提高以不同身份参与事业再生的各方当

事人的预判能力,有望提升事业再生程序的透明度。特别是投资候选人在做出签署投资协议这一投资判断时,需要负担相应的尽职调查成本以及投入一定资源,但如果无法确保启动法定程序后投资协议继续有效,换言之,如果没有一定程度的预见性,那么想必也很难做到投资承诺。

笔者认为通过此次讨论,不仅能提高各方的预判能力,更希望"社会达成一种共识,即为促进事业再生向投资人提供激励政策"。只要投资人符合有利于债权人利益的一定条件,即便债权人未完全同意,我们也应适当激励投资人不惜成本完成尽职调查并投入所需资源,进而最终签署投资协议。这些做法不会持续太久,今后数年是利用迅速、高效的事业再生制度提升日本经济竞争力的关键期,只需在这一时期内实施即可。如前所述,在日本经济的紧要关头,社会应达成一种共识,更大胆地鼓励投资人,迅速引入风险资金,并以此为动力高效处理事业再生,否则负资产会转移到下一代,导致日本经济永无翻身之日。

综上,笔者认为,须藤提案中提出的"预重整模式事业再生操作指引",真正意义不仅在于能提高预判能力这一点上,还在于能对投资人提供适当激励措施。

三、预重整模式事业再生的成立要件

下面将对预重整模式事业再生在何种情况下成立(或应该成立)这一本质性问题展开论述。预重整模式事业再生是指在启动法定程序前确定投资人,并且债务人与投资人签署协议的做法。需要讨论的是,在何种条件下,投资协议在启动法定程序后仍应被认可。在此,将适合预重整模式事业再生的条件(必要条件)与应认定预重整模式事业再生的条件(充分条件)结合案件分开叙述。

(一)适合预重整模式事业再生的事例(必要条件)

预重整模式事业再生所需的必要条件,换言之,即债务人在何种背景下应考虑引进预重整模式事业再生的概念,也就是指预重整能够成立的外在因素。

典型案件可概括如下：

债务人企业A[②]的企业经营十分看重企业信用与品牌形象，由于行业低迷以及巨大债务导致企业经营极度困难，以至于经营者B不得不考虑采取法律手段进行重整。然而，采取法律手段会导致企业信用急速下降，不难预测这样的做法会导致企业本身价值下跌。因此，经营者B决定事先确立增信企业C为新的投资人，在启动法定程序的同时宣布指定企业C为投资人。经营者B在向债权人主交易银行D提出咨询后，未获得主交易银行D的明确支持或反对，最终决定签署投资协议并同时启动法定程序。

从该典型案例中，可提炼出以下两个重要条件：

(A)债务人企业的经营十分看重企业信用与品牌形象，为维持企业价值，在启动法定程序的同时确定投资人对维持企业信用(或维持品牌形象)十分有必要。

这就是通常所指的预重整中“目标行业的紧急性标准”。尽管任何行业都需要企业信用，但是不同行业对此要求差别较大，特别是资金流动性较高的行业中，企业信用度最为重要。因此，适合预重整的最典型行业为零售业、商贸公司。在这些行业中，短期流动资金可保证进货、出售期间资金运行顺畅，因此必须确保资金的流动性，一旦企业失信，短期资金瞬间周转失灵，将可能成为企业持续经营、维持企业价值的致命打击。同时，对于消费品制造商来说，企业形象受损导致主力商品的消费者流失，这同样会成为持续经营、维持企业价值的致命打击。[③]与此相反，如不动产租赁行业、高尔夫球场等行业，对企业资金流动性要求不高，因此通常这些案例不符合目标行业紧急性标准。[④]

(B)经营者围绕签署投资协议，向主交易银行咨询后未获得明确支持或反对。

如果以主交易银行为核心的银团，在尚未启动法定程序前一致同意债务人与投资人签约，就无须启动法定程序，通过庭外重组指引正式获得银团的许可即可。[5]另外，银团即便是以口头形式，只要表达了同意，那么启动法定程序后投资协议得到认可的可能性就很高，投资人也可以放心地投入资源并签署协议。在这类案件中，为投资协议得到认可而讨论操作指引并无太大的必要性。我们讨论的是在银团有保留（或完全不）同意的前提下，先签署投资协议，然后启动法定程序的情形，即文章开头谈及的“事前协商模式”或须藤提案指出的“第一层意义的预重整型程序”。

即便无法取得同意，应该与银团谈判尚存探讨空间。事先完全不向主交易银行打招呼，擅自启动法定程序，应该说是难以为继的。但不要说取得银团全部银行的口头同意，仅仅是取得主交易银行的口头支持在实际操作中都十分困难，很可能是无法实现的条件。所谓的条件，本人认为“咨询主交易银行后，未明确拒绝”较为合适。对于投资协议内容是否合适，主交易银行最有立场代表银团做出判断，如果合同中包含可能侵犯全体债权人利益的内容，主交易银行明确拒绝即可。因此，给予主交易银行拒绝的机会可以说是最低限度的必要条件。

（二）适用预重整模式事业再生的要件（必要条件）

接下来将论述预重整模式事业再生的必要条件，即债务人通过哪些具体步骤确立投资人，最终形成了怎样的投资协议，即预重整模式事业再生成立的内在因素。案件的示范性可概括如下：

“上一案例中，债务人企业 A 的经营者 B 在选任投资人 C 的过程中，选择投资银行 E 为理财顾问（FA），秘密接触几家公司后通过招标的形式以经济条件为重点选定 C 作为投资人。对于投资协议中的经济条件是否合适，投资银行 E 出具了标准的公正意见书，同时律师 F 认为投资协议中不包含对企业 A 的不利内容。”

从这一经典案件中可以提炼出以下3个要件：

> (C)投资银行应比较投资候选人在一定程度的竞争环境中提出的条件后，以经济条件为重点选择投资人。

为确保经济条件是否合适，期待通过以上方式选任投资人。然而，在现实中，深陷经营困境的企业按招标程序公开选任投资人是不太可能的，FA能接触的投资候选人也十分受限。[6]因此，这一工作的目的并非确保价格最高，而是防止不正当地低价出售。为确保理想的价格，理论上应进行完整的公开招标。[7][8]

> (D)针对投资协议的经济条件是否妥当，应由投资银行出具内容全面的公正意见书。

公正意见书由专门从事评估企业价值及并购的投资银行出具，是证明投资协议中的经济条件对债务人企业是否公平合理（没有低价出售）的专家意见，这也是证明经济条件是否合适的最有效方式。投资银行在出具公正意见书时，应基于债务人企业经营发展计划，通过DCF（Discounted Cash Flow）算法或与同行业其他企业比较估算企业价值，同时考虑重整投资人选任程序，对体现在投资协议中的经济条件是否公正给出意见。

但需要注意的是，公正意见书仅表明专家意见，并非保证，而且该意见书仅就经济条件是否公正合理发表意见，并不关注是否实现价格最大化，所以不应过度依赖公正意见书。[9]此外，一般来说公正意见书附有多种前提条件，所以根据内容有时可能会导致出具的意见极其站不住脚。也就是说，公正意见书并不在于出具意见书的是投行才公正，更为重要的是其内在内容。

投资协议如果不符合条件（C），单独满足条件（D）是否也应获得认可？这一问题比较复杂，若必须作答，我给出“YES”的回答，但只在符合各项条件的个别案例中才适用。不符合条件（C）情况的例子有：假设债务人企业处于同类公司数量较少的行业，除去主动提出合作的投资人外，再接触其他投资人存在较大的泄密风险，出于机密管理的要求只能与唯一一家投资候选人沟通，或者经营情况骤然恶化，完全没有足够的时间接触更多的投资人。

事实上，投资银行在出具公正意见书时十分看重条件（C），因此这两项内容并非完全彼此独立。如果在不符合条件（C）的前提下，通过一对一交涉确立投资人，公正意见书的评判标准会变得非常高，甚至有可能出现无法取得内容充实的公正意见书的情况。其原因在于，对于出具公正意见书的投资银行来说，通过招标从多数候选人中确定最终投资人的事实会成为加强经济条件公正性的有力证据。若该条件得不到满足，投资银行只能通过其他条件判断经济条件是否公正，这会导致评判标准的提高。

同时，在这一案件中，即便拿到了公正意见书，其前提条件一定包括"经债务人企业判断未进行招标，而是经个别沟通的形式确立了投资人"。这暗示了如果不是通过个别沟通，而是通过招标的方式选任投资人，那么公正意见书的结论可能会有所改变（如此一来，可以说公正意见书中专家论证的经济条件并非一定公正）。这一问题，公正意见书也无法解决。

综上，除有明确的证据显示招标可能导致泄密、引发突发信用危机，或可明确推测到因不可预知经营突然恶化，就来不及接触投资人，应尽力达到条件（C）的要求。

(E)律师确认投资协议中不包含对债务人企业显著不利的内容。

最后的条件是审核投资协议内容。须藤提案提出，需关注投资人拥有的单方解约权，是否允许因突发事件变更经济条件（包括程度），以及分手费是否虚高（后缴）等问题。有可能在一些案件中，经济条件看似已经固定，但合同规定投资人有权因重要的突发事件单方面变更最初确立的经济条件。除具备一定合理性的情形外，根据其程度，可能成为对企业显著不利的内容。如果协议中

出现不利于债务人企业的内容，只要协议满足其他条件，不应直接否定投资协议，而应由管理人或监督委员出面与投资人沟通解决。管理人或监督委员若能够以行使投资协议的撤销权为条件与投资人进行谈判，谈判效果应该较为理想。

（三）须藤提案中的预重整模式事业再生案

笔者重新整理了应认定为预重整模式事业再生的条件，本部分将对比须藤提案中提出的相关条件并作进一步论述。须藤提案中的条件总结如下：

①如果不事先确定投资人，企业经营将面临恶化；

②为确保实质竞争，募集投资候选人，如果募集有困难，应确保出资价格参照自由现金流是公正的；

③投标条件中不得有价格下跌等不当条件；

④从投标人中选任投资人的程序上不存在任何不当行为；

⑤投资协议中不得有对企业不利的内容；

⑥就重整投资人选任程序的公正性出具第三方意见；

⑦投资人应诚信履行合同，起到预期的作用。

将笔者提出的条件与上述内容对比，①对应（A）；②对应（C）；③④⑥对应（D）；⑤对应（E）。③④包含于（D）的原因是，两者均对投资协议的经济条件或有可能影响经济条件的行为作出规定，最终通过公正意见书解决。须藤提案中未涉及笔者提出的（B），即与主银行咨询未获明确反对这一条件，对于是否应该将事先与银行进行一定程度的沟通作为条件，还需进一步探讨。

此外，笔者提出的条件中不包含须藤提案中的条件⑦，原因在于一旦签署协议，如果投资人不严格履行合同，管理人与监督委员当然会解除合同，且投资人是否起到了预期的作用为主观判断，不应当作为条件列入。具体何为“预期作用”，举例而言，若企业信用并未像债务人想象的那样严重下降，则投资人也无机会为积极防止信用下降而大力采取措施。在此类案件中，看起来投资人似乎“什么也没有做”，但实际上投资人的存在本身可能就预防了企业信用下降，因此仅凭“投资人未做出积极贡献”就判断其“未起到预期作用”似乎过于武断。总而言之，由于投资人是否起到预期的作用主要依靠主观判断，很难客观断定，因此只要确保选任投资人的程序、投资协议的签署符合规定、投资人严格按照协议规定履行职责，那么无论投资人做出的贡献是否符合预期都应认可投资协议的有效性。

四、对最初投资候选人的补偿问题

尽管遴选投资人的程序符合上述各项要求，但投资协议仍有可能在启动法定程序后因各种原因得不到认可，结果进行二次投标变更了投资候选人。若发生这种情况，对最初的投资候选人该如何补偿？第一次投标的选任程序公平、公正，那么需要给出恰当的理由才能否决第一次投标结果。[10]针对选任程序符合要求的情况下，仍进行二次投标时，应如何补偿最初的投资候选人的问题上，须藤提出了两个建议。

（一）支付分手费

尚且不论分手费价格高低，[11]对于付出努力的最初投资人支付分手费的主张，很少有人持反对意见。对最初投资人来说，如果在二次投标中未能中标，遗憾地未能成为最终的投资人，其支付的尽职调查费等成本就化为泡沫，在投标期间投入的资源及机会成本亦损失巨大，仅偿还实际发生费用未免有些不公，应支付最终中标价格的×%作为分手费。

分手费可由债务人企业支付，也可以由二次招标的中标人支付，[12]支付金额为“最终中标价格的×%”。正因如此，在二次招标中，与其他投资候选人的条件相比，首次招标的中标投资人因无须支付分手费而具有价格优势。[13]这一做法的出发点在于，如果新的投资人提供的经济条件虽比最初投资人高，但并没有很大差异（没有实质差异），则应让最初投资人获胜。而多数观点认为，支付分手费的重要前提是“最初投资候选人确实为维持企业信用做出了贡献”，笔者对此持有疑问。最初投资人应尽的责任仅限于投资协议规定的内容，期望最初投资人在此限度之外积极协助债务人企业过于苛刻。支付分手费的条件应限定在“已严格履行了协议规定的相关义务”范围。最初投资人的价值在于“保证最低价格”，分手费即为后付的保证费。如此一来，只要最初投资人严格履行了协议规定的相关义务，则其对维持企业信用是否起到作用，不应作为支付分手费的前提条件之一。

（二）给予二次投标时的优先受让权

关于这一点也存在较大的争议。如果最初投资人具备优先受让权，在二次投标时，二次投标人提出投标文件后，其中的最高价与最初投资人出具的价格相同时，则最初投资人胜出。笔者赞成少数观点，认为“如果向最初投资人支付了分手费补偿，则无须在二次投标时给予其优先受让权”。

毋庸置疑，应给予最初投资人二次投标的权利。但是，之所以进行二次招标，是因为首次招标程序可能存在违反公正原则的问题，但仍应当认可其“最低价格保证人”的作用，因而给予其保证费性质的分手费是合理的。给予优先受让权的做法有过度保护之嫌。与其给予优先受让权，还不如直截了当地认定与最初投资人签署的投资协议，避免二次招标。

笔者作为咨询顾问，在实务中目睹了因“优先受让权”导致招标结果失之偏颇的案例。在招标程序中，优先受让权是特殊的权利，如果其他候选人得知最初投资人拥有该项权利，[14]则参与二次投标的积极性将大打折扣。其他候选人为提高中标率会报出最初投资人无法拿出的高价，导致最终中标价格可能不合常理。

综上，“优先受让权”或导致中标价格上浮，或导致中标价格下降（打击其他候选人的投标积极性，使投标形同虚设），因此并不推荐适用优先受让权。

五、日本《民事再生法》与《公司更生法》的区别

最后围绕上述议题，就其在《民事再生法》与《公司更生法》中的区别展开论述。

如前所述，无论启动法定程序的依据是《民事再生法》还是《公司更生法》，选任重整投资人程序的合法性并无区别，可以说上述讨论在两种程序中均适用。依据《民事再生法》的规定，直接参与协商投资协议的经营管理层应在企业留任，而《公司更生法》规定，管理人应重新审核重整投资人选任程序以及已经签署的投资协议，并在此基础上判断其是否合法。其实，《公司更生法》严格规定了合法性要件。由此得出结论：本文论述的操作指引可同时适用于《民事再生法》与《公司更生法》，但在《民事再生法》下的操作实例更倾向于认可与最初投资人的交易，相反，根据《公司更生法》进行二次投标的案件会更多。

结　语

预重整制度面临诸多课题，但不是从法学理论角度出发，而是从“加速推进日本事业再生发展所需条件”需求性视角应深入研究。希望此次研讨会以及本文的研究成果，能够积极推动全社会对预重整模式事业再生所形成的普遍共识。

①根据不同观点，庭外重组指南也可以说是为了解决我们在此讨论的问题而设计，即使不进入法定程序也可以采取临时停止等措施，以便创造出一种“模拟银团贷款状态”的制度。

②除企业信用与品牌形象外，在开始法定程序的时间点上出资人的存在意义在于可以留住有能力的人才。在任何企业人才都是企业价值的重要因素，在没有出资人的状态下，越优秀的人才越有流失风险，相反早期确定投资人可以预防这一风险。

③实际上法定程序的开始会对一般消费者的购买行为带来多少影响是不可预测的。一般认为影响不会太大，反而企业信用的下降才是现实中真正恐怖的。

④这种行业，花费相同的时间筛选投资人，反而很有可能成为阿部报告中“（纯粹）预重整型”或须藤提议中“第二层意义上的预重整程序”的对象。

⑤另一种办法是，在庭外重组阶段大致达成共识后，必要时以启动法定程序来实现对所有债权人都具有强制性的法律约束力。这就是文章开头讨论的阿部报告中“（纯粹）预重整型”或须藤提议中的“第二层意义上的预重整程序”。

⑥在典型的案例中，债务人企业先拟定包含10个左右投资候选人的名单，并按可能性大小的顺序依次与候选人进行交涉，选择4～5个感兴趣的候选人递交书面材料，并让候选人提交第一次投标书，从中再选择2～3个候选人进行尽职调查，并根据结果让候选人提交第二次投标书（最终投标书），主要从经济条件上进行比较后，最终选择1个候选人赋予其优先交涉权。在一定程度上保持竞争环境的同时，还要在有限的时间内在严格的信息管理之下进行投标，此种情况下，接触范围具有局限性。

⑦通常，招标有两种形式：一种是限制投标者人数的“限定招标”；另一种是不限定投标人数的“开放招标”。为了保证价格的最大化，一般选择开放招标形式，即通过网站等向全世界宣传招标程序。

⑧在招标提案的比较中，除以价格为核心的经济条件外，资金和职工待遇等也成为重点。通常认为价格虽稍低，但资金准备充足的提案要比价格最高而资金准备令人不安的提案好。加上职工的待遇，问题就复杂了。当然，可以将职工待遇仅仅作为经济性问题进行比较，但债务人企业一般认为这不应属于单纯的经济性问题。

⑨在须藤提案中，公正意见书是“证明招标条件及选择投资人程序公正的意见书”，但公正意见书只对投资人协议中的经济条件的公正性表明意见，绝不会超越此界限对程序是否公正表明意见。程序如何是影响经济条件的一个要因，与债务人企业的业务计划以及与同领域其他企业的对比等其他各种要因一起集中反映在投资人协议中的经济条件上。所以公正意见书只针对经济条件进行研究，只对经济条件发表意见。

⑩例如，原本债务人企业的业务紧急性强，启动法定程序的最初其实不需要投资人，

或主交易银行与债务人企业之间就拒绝投资人的态度表明产生分歧时，因为未经招标，只有公正意见书能够证明经济条件公正性。但是，公正意见书证明力度弱，经济条件的公正性依然受到质疑。

⑪分手费的标准其实很难界定。我赞同须藤提议中涉及的“中标价格的10%过高，3%过低”的意见，认为5%左右比较合适。

⑫分手费由债务人企业支付还是由新的投资人支付，(除税款效果外)在经济性上不会出现本质性差别。由新投资人支付时，新投资人会将该金额放到经济性的计算中，降低支付价格后才投标，所以无论是哪种情况最后结果都是债务人企业的企业价值减去分手费金额，即减少相应份额后偿还给债权人。

⑬如果分手费的计算方式，不按“最终中标价格的×%”而是按“最终中标价格与最初投资人出具的价格之差的×%”来计算，则无法通过实质差异赋予最终投资人优势，为了在合理范围内激励投资候选人，分手费最理想的计算方式还是通过实质差异带给最初投资人领先地位的“最终中标价格的×%”。

⑭为了实现再招标程序的公正，应将最初投资人享有的优先受让权信息，准确地披露给参加再投标程序的其他投资人(最初投资人提出的经济条件信息除外)。

(陈景善、张江萍　审校)

主题发言评议

[日]须藤英章* 著 崔延花** 译

一、管理人的态度差异

大家在研讨会讨论的大部分内容主要是围绕《关于预重整模式事业再生的建议》的前半部分，即有关“申请法定程序前选任重整投资人的必要条件”等内容展开的。本次讨论别开生面，对于笔者的提案，各位发言人大体上给予了积极评价。在研讨会召开前，笔者有幸与多年从事管理人工作的资深律师就提案内容深入探讨。参与讨论的资深律师与此次会议发言人的观点有所不同，总体来说他们对该提案持否定态度。

大多数见解认为，“案件情况千差万别、各有不同，很难按照一个标准统一规制”；“只要财产管理人还具备履行或解约的选择权，就不应对其行为设限”；“想成为投资人的机构大多实力强大，无须给予特殊保护”

* 律师。

** 中国政法大学外国语学院副教授。

等。笔者本以为这个合情合理的提案应得到广泛赞同,但这些意见的出现的确令笔者措手不及。

那么上述的态度差异起因为何？简单来说,是因考虑问题的立场不同引起的。债务人企业、破产申请代理人以及主银行主要担心启动法定程序会导致经营恶化,他们从企业经营规划者的角度出发考虑如何使企业顺利走上重组工作的正轨,因此,更希望选任最适合的投资人,推动整个程序顺利进行。与此相反,管理人及保全管理人接受委托时是以一张白纸的状态参与债务人企业事业再生工作的,虽然不会全然无视以往的经历,但仍想站在不受制约的立场上重新选任出最合适的投资人。

二、提案目的

如村上先生所讲,笔者提出事先约定得到尊重的必要条件的目的有二:一是可以提高程序的可预测性。正如阿部律师与河合先生的报告中所述,适用《美国联邦破产法》第 11 章程序时,一些法院结合法院实务操作指引来认可以旧换新以及超级优先担保等行为,提高程序的可预测性。纽约州南部法院对颁布指引持积极态度,所以该地区的申请数量明显多于其他地区。二是正如村上先生指出,可以适当鼓励投资人。如果启动法定程序后被毁约,且无法预测将会受到何种对待,那么谨慎的企业家或投资人都会犹豫不定。因此,提高可预测性可以提高向企业伸出援手的投资人的质量。

三、不应取消解除权

目前法律有明文规定,无论是在公司更生程序中还是在民事再生程序中,管理人或再生债务人有权解除双方未履行的双务合同。笔者的提案并非主张只要满足七大要件,便应禁止解除协议,取消管理人的解除权。文稿中的有些描述使读者易产生上述误解,但笔者不会提出如此毫无道理的提议。正如提案中所述，笔者只是想强调“启动法定程序后即便拒绝其他投资人提出的更有利条件，不与原有投资人解约，管理人亦不会被追究违反勤勉义务，再生债务人也不会被追究违反公平诚信义务”。

换言之，笔者想明确的一点是，管理人等在行使解除权时，并不是必须仅凭眼前金额的多少或条件的好坏来选择是否行使解除权。表面看来，这会让人产生错觉，从而认为如果有其他投资人提出更高价格，管理人等就必须行使解除权。但是，假设债务人企业与已签订协议的投资人解除协议，那么遭遇此情况的投资人再也不会成为投资人，或者至少在存在被解除可能性的期间内不会全力以赴，如此一来，就无法创造出优质投资人尽早伸出援手的健全环境。因此，笔者在提案中想明确的是，今后应充分考虑类似案件的影响，允许其行使解除权。

四、关于公正意见书

笔者提出的条件⑥的内容是，“必须提交表明选任重整投资人程序公正的第三方意见”。对此，村上先生表示，“公正意见书是由投资银行作为企业评估及并购专家，表明投资人协议的经济条件对债务人企业而言公正（没有不恰当的低价交易）的意见，不包括对选任程序的任何意见”。投资银行出具的公正意见书的内在含义即如村上先生所言。但是，笔者看重的是选任程序的公平性。因为只有满足募集投资候选人时确保实质竞争（条件②）、投标条件中不存在不正当条件（条件③）、选任投资人的程序中不存在不当情形（条件④）等条件，以此为基础出具的价格才公正合理。另外，律师可以对选任程序进行审查，也可由财产管理人或监督委员来完成（第三方也包括财产管理人等）。但是，由于保守商业机密、时间紧急等原因导致募集投资人的程序无法确保实质竞争时（不满足条件②的要求时），村上先生提出的评估企业价值的公正意见书就十分必要了。

五、二次投标时的优先受让权问题

提案中，就解除原有投资人协议进行二次投标时的补偿措施，提出“如果二次投标时，原投资人报价最高，那么优先选择原投资人中标”。对此，村上先生持反对意见，认为“这种给予优先受让权的做法会导致投标有失公正，与其给予最初投资人优先受让权，不如直截了当地承认最初签订的投资协议有效，避免二次招标”。其他候选人花费巨额的尽职调查成本，在投标时尽力报出高价，结果还是由报出同等价格的原投资人（最初投资人）中标，如此的确会打击投标的热情。笔者也倾向于该意见。

六、作为庭外重组接盘机制的民事再生程序

笔者对已经提前实行了第二层意义的预重整型程序，即“虽然已进入《庭外重组指引》程序及基于《产业再生机构法》的庭外重组程序，但因少数债权人不同意而不得不启动法定程序”的问题，提出了几条建议。截至该研讨会举办时间2003年11月29日，很幸运《庭外重组指引》程序等均获得了所有金融机构债权人的同意，因此，该提议丧失了发挥作用的余地。但是在此次研讨会结束10多天后的12月10日，首次出现了庭外重组未成功，并当即启动民事再生程序的案例，即神户的“海洋木土公司案”。在该案例中，由金融机构统筹安排，主交易银行借款占总负债的40%左右，鉴于过去不存在高管派驻等特殊关系，因此提出了等比信用交易余额的重组方案。一直以来，在《庭外重组指引》程序中，无论是债务免除还是债转股等金融支援，都以等比信用交易余额为原则，但实际上没有一个案例能完全做到。在此情况下，该案例受到了广泛关注，但最终因部分债权人的否决而未能成立。有关该案例的动向，期待申请代理人提交民事再生程序的进展报告。

（陈景善、张江萍　审校）

小议重整投资人的选任

[日]瀬户英雄* 著 崔延花** 译

一、关于重整投资人问题

此次在“预重整模式事业再生的当下课题”的研讨会上，各位发言人的演讲内容丰富而深刻，凝聚了各位渊博的知识和丰富的经验，参会人员期盼高效的企业经营重组制度的热情相互碰撞，营造了非常好的研讨氛围。我怀着紧张的心情聆听到了最后。作为主办方的一员，这么说有点自吹自擂，但确实许久没有参加过这么有趣的研讨会了。在英美两国事业再生机制与财务政策的报告中，本人虽将英美合并到一起阐述，但由于两国不同的历史背景，关于事业再生的基本思想完全不同，由此形成了各自不同的制度。同时，关于重整投资人的选任，参会各方分别从各自的角度和立场分析了此问题。在听取各位发言人的演讲时，我结合平时工作中

---

* 律师。

** 中国政法大学外国语学院副教授。

的经验,思考了很多问题。

我有幸代表会议举办方致闭幕词,抒发作为一名参会人员的感慨。当时对于重整投资人的问题没有表述充分,在此稍作补充。

二、重整投资人选任程序的透明性宗旨

先谈一下“选任的重整投资人得到尊重和维持需要什么条件”的问题。

重整投资人的优劣不能以提供资金的多少来决定,这与实物拍卖有本质上的差异。在竞标程序中,并非提供更高价格的企业就具有绝对优势,价格仅仅是在选择更适合公司未来发展的重整投资人时考察的要素之一。虽然从第一要义来讲,最合适的重整投资人是能够最大限度偿还债务的重整投资人,但企业毕竟是人的集合,一旦再生企业职工失去士气,企业组织无法维系,企业的核心技术和商业信誉也难免受损。

就选任重整投资人程序进行合理性说明的主体,应当是破产企业的利益相关方,而非参与竞标的重整投资人。而且,参与竞标的重整投资人提交的方案和目标公司的诉求调整因素是动态的,无法类型化。通过向破产企业提供组织性援助来弥补企业信用、从企业的未来收益中得到清偿的传统重整投资人的选择,主要依靠重整投资人所能提供的信用质量这种难以计量的标准。当然,在评价重整投资人自身信用水平时,不得不考虑其未来的发展前景。虽然与一般经济行为中选择交易对象的程序相同,但在其判断过程中,仍然存在不便向竞标人披露的信息。未中标的竞标人有时就选任程序的公平性与透明性提出投诉,但即便不披露实情,也并非意味着选任程序存在不当。总之,只要重整投资人的选任由具备法定权限的主体发起,并且没有采用不当手段或没有侵害利益相关方的权益,那么选任的结果就应得到肯定。

会上提出的 7 项重整投资人选任标准中,有几项标准是重整投资人需要注意的事项,抓住了问题的核心。但是如果将这些内容作为选任重整投资人的准

则加以确立则有些欠妥。这几项条件的适用范围应该是有限的,如重整对象为同一个业务部门,并且在重整投资人等提出的重整条件本质上基本相同的情况下,或许可作为营业转让的受让方的选任标准适用。

三、"分手费"能否提高投资灵活性

接下来探讨一下"解除重整投资协议时的补偿"问题。

不履行与投资候选人的约定时,可以用金钱解决,该方式应当是简明且不留后患的合理的处理方式。关于这笔费用,我们已经从该由谁支付、支付多少合适、是否构成共益债权等技术性方面展开了讨论。但在这之前还有一个问题需要明确,为何给予参加破产企业的重整投资人如此特殊的待遇呢?

当初次中标人没能发挥优势,目标企业的各相关方及法院给出的评价较低,最终决定扩大范围重新公开招募重整投资人时,无论初次中标人主观上付出了多少努力也得不到回报,这是没有办法的事情。如果分手费制度局限于让投资人更积极地参与重整投资人竞标,易于先行投资,那么这一制度只能沦落成为缺乏决断力的投资人而设的辅助制度,并且该笔费用最终将以某种形式被转嫁至破产企业及其债权人身上。因此,为了将美国交易社会中特有的分手费制度引入日本,还须深入研究以赚取分手费为目的的假马竞标人(stalking horse)的效用等问题,同时有必要认真探讨分手费是否适合日本国情及商业习惯等问题。

(张婷、张江萍　审校)

第三方债务人谈重整投资人的变更

[日]奈良武[*]　著　崔延花[**]　译

我赞同制定“预重整模式事业再生指引”，对此我考虑的“规则”有两点。

> ①债务人企业应当与重整投资人签署备忘录（未签署备忘录的重整投资人不具备相应资格）。
>
> ②如果债务人企业希望能在已签署备忘录的对象之外重新招募重整投资候选人，与新重整投资人签署投资协议（最终协议），则应当在备忘录中作出明确规定（如果备忘录中未明确债务人企业保留该权利，则无法变更重整投资人）。

在出现比最初确定的重整投资人出价更高的新重整投资人的情形下，债务人企业能否变更新重整投资人为最终重整投资人？对于这一问题，我持反对意见。当

---

* 索尼股份公司全球采购总部法务总监。

** 中国政法大学外国语学院副教授。

债务人企业经过筛选确定重整投资人后提出“民事再生”申请(仅限民事再生程序),此时不应选任新的重整投资候选人。因为出现新的重整投资候选人实际上是“认可经济合理性”与“不认可经济合理性”或这两个“经济合理性”同时发挥作用的结果,其中“不认可经济合理性”起主要作用。理由可以分为以下两点。

理由一:重整投资人的必要性及其“防止信用崩溃功能”

如果债务人企业申请民事再生程序时未确定重整投资人,就会立即陷入企业失信状态,且一旦企业信用下滑就难以恢复。事先确定重整投资人,重整投资人可以发挥“防止信用崩溃功能”,赋予债务人企业一定的价值。重整投资人能够向债务人提供极其重要的经济价值,无论是对债权人来说还是对债务人企业来说,其存在都十分重要。

关于变更重整投资人的问题,新重整投资人之所以能够提出更高的价格,是因为最初的重整投资人成功为债务人企业“填补了信用崩溃”。假设重新回到没有重整投资人的情况下,债务人企业申请民事再生程序,那么自然可以想到新重整投资人不可能提出如此高的价格,甚至有可能远低于最初重整投资人提出的价格。因此,除了考虑最初重整投资人付出的辛苦以及成本等因素,还应对“填补了信用崩溃”这一更加重要的经济性价值给予公正的评价。

如果仅凭上述原因,或许会得出这样的结论:只要对最初重整投资人提供一定的金钱保证或补偿,就可以变更重整投资人。因此,本文想进一步阐述反对的理由。

理由二:防止变更重整投资人打破平稳状态、维护交易稳定

首先,决定民事再生程序成败的因素有几个,其中的一个因素是第三方债务人的存在。无须特别解释,第三方债务人是指债务人企业的“客户”。如果债务人企业是制造家电零部件的中小企业,那么第三方债务人就是其母公司。如果债务人企业申请民事再生程序时,其客户或母公司对其坐视不管,企业重整成功的概率也不会太高。因此,客户及母公司是掌握债务人企业生死大权的关键,无论是事先决定重整投资人后申请民事再生程序,还是变更新重整投资人,都要考虑客户及母公司会如何应对。

其次,如果债务人企业是中小企业,在没有重整投资人的前提下申请民事再生程序,可能导致其客户及母公司(原材料提供者)放弃该债务人企业。这是因为对于其客户及母公司来说,在构成产品的成千上万种零部件中,哪怕缺少一个零部件都会导致无法制成产品,因而会有意识地控制从有潜在风险的企业进货。

再次,民事再生程序虽然属于再建型程序,但客户或母公司的原材料采购负责人会将申请民事再生程序的企业理解为明显具有破产危险性的交易方,并考虑停止与其进行交易。其理由如下:第一,企业“生产现场”采用“现做现卖”的方式,不会有太多原料及零部件的库存;“产品供给”方面采用“流水线管理”的方式,产品存货不多。换言之,生产零部件的中小企业倒闭后,其客户或母公司的生产线就得被迫停止,很快供给零售店的产品就会缺货。如此一来,同类竞争产品就会迅速占领各零售店的展台。客户或母公司想重新夺回展台非常困难,导致其失去销售市场,对后续的谈判十分不利。于是,客户或母公司将有破产危险的企业从原材料及零件供应商名单中删除。第二,母公司陆续将工厂转移至亚洲其他地区,产品制造管理也相应转移。此外,企业会专注于生产畅销产品,停止生产市场份额低的产品,逐步提高零部件的共通性,减少配备零部件的种类。上述原因导致日本国内订单数量日益减少,接单生产零件的企业(中小企业)数量过多,母公司需要清理过多的企业。因此,申请民事再生程序的中小企业会第一个被母公司从供货商名单中删除。第三,向律所寻求帮助的债务人企业中,大多数已经到了当月票据无法结算或下周票据无法结算的地步,但也有很多企业并非直接申请破产,而是将民事再生程序作为一个选项考虑。在和解程序中,法院在受理申请表时严格审查企业重整的可能性,律所也针对重整进行谨慎探讨,即采用了“双重挑选程序”。但在民事再生程序中,无须进行双重挑选,申请民事再生程序的企业都认为这有可能降低重整成功率。尽管债权人享有决定是否认可企业重整的权利,且承担着相应的责任,但是其对自身角色认识不足。这样说或许不太恰当,但究竟由谁决定债务人企业是否应该重整,这一点确实不太明确。第四,因为破产的材料供应商数量增多,损失严重,所以越来越多的母公司从预防风险的角度出发,基于企业决算报告分析。如此一来,母公司便能够更早获知哪些企业存在破产危机。届时,母公司会尽可能迅速地将存在潜在风险的供应商从名单中剔除,当然也存在难以剔除不得不维持交易的情况。如果存在潜在风险的供应商申请民事再生程序就会失去继续交易的机会。根据经验来看,存在风险的材料供应商不会全部进入法定破产程序,但申请民事再生程序的企业基本都在重点关注名单上。

最后,如果供应商申请民事再生程序,客户或母公司会认为该企业存在风险,继而做停止交易的准备。但由于变更供应商费时费力,如果重整非常有把握,客户或母公司也会考虑维持交易。因此,在债务人企业选定重整投资人后申请民事再生程序的情形下,如果重整投资人信用可靠,相关交易就会继续。此时如果变更重整投资人,客户及母公司就容易理解为重整投资人选任程序存在争议。如果客户及母公司认为重整投资人的选任有争议,重整没有什么希望,就会重新考虑变更供应商。客户及母公司在企业申请民事再生程序时,会关注债务人企业是否状态稳定,以及能否平稳地维持这种稳定状态。因此,变更重整投资人会打破平稳状态,产生不利于交易的负面效果。

综上所述,变更重整投资人可能引发客户或母公司变更供应商的风险,也存在债务人企业重整失败的隐患,不符合"经济合理性",故应谨慎考虑变更最初确定的重整投资人之行为。

(张婷、张江萍　审校)

打击重整投资人积极性的制度将导致债务人面临困境

[日]越纯一郎[*] 著 崔延花[**] 译

在重整案中,本人站在债务人或债务人聘用的经营者的立场。从这一立场出发,本人强烈希望,在预重整模式事业再生制度设计中,不要出现打击重整投资人积极性的制度。原因在于,一旦重整投资人无法正常进行经营活动,最终将导致债务人面临困境。

一、"后出拳"制度存在道德风险

如果存在"后出拳"式的制度,那么重整投资人会有所顾忌,或者越来越多的基金公司会确立不去触碰这类案件的方针。

事实上,本人接触到的有美资背景的基金公司(其中一部分也在日本开展活动)已确立了以下方针:不接

---

* 西格马溶解剂(Sigma Solutions)股份公司董事长。

** 中国政法大学外国语学院副教授。

触竞争式投标（公开招标方式）案。在本人看来，采用该方针的公司在美国属于多数派。在美国，许多知名基金公司采取了这一方针，他们向提供资金的投资人承诺“该基金公司的方针是坚决不参与竞争式投标”，因此根据合同约定无法参与竞争投标案。

根据本人在美国（纽约）工作12年的经验及认识判断，除去特殊的大型案件，基金投资公司参与竞争投标案并非常规现象。

不鼓励竞争投标是坏事吗？或许听起来如同在唱反调，关于这个问题可以作如下判断：“进行事后投标才是限制竞争，有可能违背社会规则。”正因为各竞争主体知悉不存在事后投标，所以会迅速反应、形成竞争，假设各竞争主体了解到存在事后投标，就会等待时机，于是导致此前无法形成真正的竞争，这个不利后果还得由债务人承担。在市场经济体制下，不应限制竞争。

假如竞争主体了解到存在事后投标制度，那么就会在前期消极懈怠，产生道德风险。

二、禁止“抢先”将导致各竞争者的锋芒不在

只有在“无须担心存在事后投标”的情形下，努力达成交易的投资基金公司等投资人的“真面目”才是“真正的理性经济人”。如果各基金公司有抢先意识，拼命努力，那么即使处理案件的数目增加，处理速度也会加快。不可以存在连反应迟钝的竞争者都能参加投标的情况，相反尤为重要的是每个参与者都拥有为“抢先”而付出努力的自由。应当谨记，如果不提供各参与体自由竞争的条件，那么竞争本身就会遭到阻碍。

三、选定重整投资人并非资金的问题

最后一个至关重要的问题是，选定重整投资人“并不是只靠钱就能解决的”，除财力外还有更加重要的判断因素。

在美国以投标方式进行企业并购时,招标方并不一定选择出价最高的投标候选人。招投标并购通常除考虑价格以外,还要考虑瑕疵担保责任、职工安置等各种条件,这些方面的执行力以及声誉风险等都是重要的考虑因素。其中,资金方与经营方之间的信任关系最为重要。

企业家与工薪阶层完全不同。企业家每天在“地板底下就是地狱”般的艰辛环境中求生存,对其来说,与股东以及重整投资人的信任关系、共识是必不可少的。重整投资人不仅是资金提供者,而且是重要的经营监督人、咨询对象、客户介绍人、业务协助人,还是掌握企业生死大权的阎王爷。

如果认为重整投资人的作用仅仅是提供资金,那就大错特错了。之所以存在错误的认识,是因为在全世界的发达国家中,只有日本存在“可以出钱但不许多嘴”的不良传统观念。

进入21世纪以来,类似“可以出钱但不许多嘴”的愚蠢观念逐步得以纠正,“世界的常识,日本的非常识”也正在得到克服。重整投资人不仅提供财力,而且要有话语权,还要提供物力、人力的支持。根据不同情况,重整投资人会介绍客户、提供与其他企业的合作机会、为企业经营提供咨询意见。

对于我们这种职业经理人来说,重整投资人及股东是可以交付自己生命的人。如果已经找到了这种人,但有可能在事后投标中被换掉,那么很难下定托付命运的决心。希望21世纪的人们理解这一现实问题。

(张婷、张江萍　审校)

预重整模式事业再生之我见

[日]三好康之* 著 崔延花** 译

在预重整模式破产制度的发祥地美国,该制度的含义为:由于部分少数、小额债权人的反对导致企业无法实施庭外重组时,有意识地申请第11章程序,利用法律上的强制力使重整计划获得通过。债务免除作为重整计划的核心内容,在庭外重组中必须取得作为削减对象的全体债权人的同意。而在法定程序中,通过决议的条件有所降低,所以可以阻挡一些债权人的反对。由于其事先取得了债权人同意,因此程序所需时间、律师费等成本更低、对企业价值的减损更少,可谓十分有益的制度。

在日本学者中,质疑预重整模式事业再生有效性的很少,但不知为何,该制度在日本并未普及。本文将在分析日美企业重整制度区别的基础上探讨其原因,并针

* 隆力集团(Longreach Group)股份公司董事长合伙人。

** 中国政法大学外国语学院副教授。

对日本特色预重整模式事业再生中重整投资人的选任程序提出建议。

一、日美事业再生制度及实务区别

(一)实质启动事业再生的时机

总体而言,行业类型不同,启动时机也有所不同。美国规定,当企业负债率持续达到息税折旧摊销前利润的 8 ~ 10 倍时,企业借款融资、供应商进货周转等会陷入困境,此时需要彻底进行事业再生。因此,美国在企业经营恶化前就已经着手彻底重组。而在日本,即便借款比率达到息税折旧摊销前利润的 15 倍甚至 20 倍,以主银行为首的各机构仍会提供信用保证以及流动性资金支持,导致正式启动事业再生的时机大幅延迟。

(二)债务人的谈判能力

由于债务人与债权人之间保持适度的距离,并且债务人会尽早向无利益冲突的外部专家咨询,因此债务人颇具权利(第 11 章规定的救济权)意识,谈判时会采取强硬态度。同时,债权人一方基于对借款人责任(lender's liability)的理解,不会采取派遣董事入场等过度控制行为。

(三)控股公司

银行等金融机构债权人是控股公司的债权人,供应商债权人作为子公司等实际运转公司的债权人,在结构上供应商债权多为优先债权,因此,在企业申请破产后,供应商债权人对企业采购方面的影响较为轻微。此外,有金融债权人试图从实际运转的子公司获取借款保证以达到制衡供应商债权人的目的,但是在未得到与其对等的回报时,子公司的保证不具备法律效力,因此一般效果甚微。

(四)DIP 制度

美国采取债务人自行管理(debtor in possession,DIP)制度,经营方并不抗拒申请破产,这可以保证与外部专家及顾问之间的一致性。在日本,债权人更关心现有经营管理层的离职以及追责,《日本公司更生法》中对任命第三方管理人,进入公司更生程序后经营者与外部专家无法保持一致性意见失去主导权,因此经营管理层对申请更生程序往往敬而远之。

(五)利益追回条款

第11章程序中设有申请程序前约定的不平等的清偿予以追回的条款(claw back),严禁债权人以庭外重组的事先协商为借口,抢在其他债权人前面实施回收债权等行为。在日本,随处可见债权人抢在其他债权人前面回收债权,放弃债权的处理手段只能向部分债权人公开的情形。

(六)重整投资人的重要性

由于美国本身具有DIP制度,社会对于破产有合理的认识,重整投资人的存在并非那么重要。供应商债权人能够认识到共益债权的优先性,偏向申请破产。日本却恰恰相反,为避免申请过程的混乱,同时为提高企业重整计划的可信赖度,重整投资人的存在十分重要。

(七)债转股

依据企业重整计划放弃债权,必须由现有股东减资,债权人通过债转股的方式成为债务人的股东。原股东出让自己持有的股份以此实现债务回收,因此会尽量避免留债,以期达到提高股权价值、提高剩余债权流动性、尽快实现再融资的目的。在日本,债权人对债转股持消极态度,因此重整投资人十分必要。

二、日本特色预重整模式事业再生(重整投资人选任程序)

鉴于上述日美两国的差异,日本很难直接将美国的预重整模式事业再生引入国内。最近日本国内引入了事先确定重整投资人、然后实施破产处理的模式,也就是日本特色预重整事业再生制度。该制度具备以下特点:

- 事先确定重整投资人以提高申请后的企业信用,将企业受损程度控制在最低范围。

- 事先仅与大股东等秘密交涉，无须与全体债权人进行公开谈判。
- 多数情况下，通过计划外的营业转让可以限制部分债权人提出反对意见。
- 债权人通过转让金以现金方式受偿。

通过上述方式，日本与美国相同，无须经全体债权人的同意即可以法律的强制力尽早展开主要重整业务。该制度虽在透明度方面不如美国，但考虑到日本企业重整现状的不同，可以称其为最佳选择。但是，近期围绕日本特色预重整事业再生制度引发热议的是重整投资人选任程序的透明度问题。具体而言，尽管通过预重整模式确定了重整条件，但在提出申请后，由于法院要求强制二次投标，导致参与预重整的相关重整投资人积极性减弱，很容易导致各重整投资人失去认真竞标的动力。

研讨会上参会人员已经对此展开了激烈的讨论，此处不再赘述。如果考虑到日本的诸多现状，便能够察觉非公开谈判十分必要，但是无法保证程序完全公开、透明。综上，该问题很难分清对错，从如何推动日本企业重整良性发展的角度探讨并得出结论为上策。通过对比日美两国的区别发现，除法律上的区别外还存在一些日本特有的问题，其中最具代表性的有“启动重整时机过晚”“债务人谈判能力不足”“重整投资人必不可少”等。概言之，营造有能力的重整投资人可以尽早提出有效的重整策略的营商环境十分重要。

综上所述，为鼓励重整投资人，同时为最大限度确保选任程序的透明性，有效的方案是建立类似假马竞标的制度，即在提交申请前确立重整投资人，并允许二次投标变更重整投资人，变更后向原重整投资人支付分手费。

（陈景善、张江萍　审校）

关于解除重整投资协议及支付分手费的备忘录

[日]松下淳一* 著 崔延花** 译

引 言

本文主要梳理了解除重整投资协议及支付分手费的问题。在申请再建型破产程序前,债务人已与第三方(以下简称最初交易方)签署包括营业转让合同等在内的重整投资协议。然而在启动破产程序后,出现条件更好的第三方重整投资人,再生债务人(再生程序中未任命管理人时)或管理人(在再生程序中任命管理人时或在更生程序中)是否可以解除重整投资协议?假设解除有效,最初交易方是否有权要求支付分手费?在2004年11月20日(周六)召开的“预重整模式事业再生的当下课题”专题研讨会,众多实务专家共同探讨了预重整模式事业再生的发展现状,总结了相关优势及问

---

* 学习院大学法学院教授。

** 中国政法大学外国语学院副教授。

题所在。本人还没有能力从理论上完全理解这些问题,但希望本文能够为今后相关课题的理论研究提供帮助。

一、启动破产程序后解除重整投资协议

(一)否定解除可能性的观点

研讨会上大多数实务专家认为,债务人在申请破产程序前已经与第三方签署重整投资协议的情况下,在启动破产程序后也应维持原有重整投资协议,不应该认可行使解除权存在重新探讨的余地,或者至少应认可不行使解除权不会构成违反公平诚信义务(《日本民事再生法》第38条第2款),或管理人的勤勉义务(《日本民事再生法》第78条、第60条第1款,《日本公司更生法》第80条第1款)、监督委员的勤勉义务(《日本民事再生法》第60条第1款)。

事实上,从成为企业重整投资人的第三方(如事业再生基金公司)的角度考虑,只有确保在启动程序后重整投资协议始终有效,才能作出明确的投资判断、提供充足资金,并为完成企业重整而作出果断的经营判断。若协议存在被解除的风险,则从签订协议起就会持消极态度。此外,在不存在解除可能性的前提下,能够尽早签订协议,就可以尽早减少深陷困境的企业价值毁损,实现债务人资产价值最大化。同时,单从能避免混乱、维持企业有序发展的层面来讲,对于债务人、债权人以及供应商都非常有利。

(二)支持解除可能性的观点

本人同意研讨会上大家提出的企业重整启动后可附条件解除重整投资协议的观点。基于破产法赋予双方对未履行的双务合同的解除权,也很难否定该解除权,而且在某些情况下,不行使解除权的确可能造成违反公平诚信义务及勤勉义务。

在再建型程序中,认可双务合同的解除权,意味着为了维持企业经营以及债务人资产价值最大化,法律允许重新审核未完成的协议,保留有利内容,删除

不利内容。站在合同当事人中非破产方(最初交易方)的立场来说,尽管自己没有可归责事由,但以协议的另一方开启破产程序为契机,解除权人一旦认为该协议不利,那么协议就会被解除。为最大限度减少对方损失,伴随协议解除的恢复原状请求权应被认定为共益债权[《日本民事再生法》第49条第5款、《日本公司更生法》第61条第5款、《日本破产法》(破産法)第60条第2款、《日本破产法修正案》(改正破産法案)第54条第2款]。在双方未履行的双务合同中,唯独将重整投资协议作为例外是行不通的。因此,只能允许解除权的存在和行使。此外,出现条件更好的重整投资人却仍不解除原协议的做法,在一定情况下有可能构成违反公平诚信义务及勤勉义务。无论在DIP型债务人自行管理的重整程序中,还是在任命财产管理人的更生程序中,该问题均存在。其原因在于,在两种程序中,双务合同的解除权基本相同。

从破产程序确保偿付比例最大化的债权人(特别是与企业持续经营无直接利益关系的金融债权人)利益的角度,同样可以得出上述结论。如果在提交申请后出现了条件优于原重整投资协议的新协议,但无法解除现有协议而选择条件更有利的新协议,或者不能变更现有协议,这也不会构成违反公平诚信义务及勤勉义务。那么很明显,如此一来,作为破产程序重要目的之一的债权人利益最大化是无法实现的。

如上所述,对行使解除权持否定态度的观点也很有力,这些观点主要是从重整投资(最初交易方)候选人的角度出发。提出这些观点的人如果站在破产程序启动后自己重新提交新重整投资协议申请的立场,或者站在破产程序中一般债权人的立场,是否也依然持否定态度,对此尚有疑问。依本人的推测,之所以从最初交易方的观点出发,对行使解除权持怀疑态度,主要是因为无法明确解除协议后能否取得分手费、无法预测具体金额。他们认为,“在最危急关头,自己又出钱又出力,却被后来的其他重整投资人抢走了甜头,是不合理的”。如后所述,分手费的请求可能性是棘手的难题,目前还看不到解决之道,因为这些都已成为承认行使解除权的障碍。

(三)违反公平诚信义务及勤勉义务的判断标准

破产程序启动后,出现新的重整投资人,其提出的条件优于破产程序启动前的原重整投资协议时,在何种情况下,不与最初的重整投资人解除协议,解除权人(再生债务人、财产管理人)以及监督委员也不构成违反公平诚信义务及勤勉义务?

在此须注意的是,判断条件是否"有利",解除权人需要综合考虑现有协议内容及新提出的条件,以及各当事人和债务人企业的经营状况等因素后作出判断。例如,假设就营业转让协议,新协议申请方提出的转让金金额虽然高,但加上对方有无完成企业经营的可能性及继续雇用职工的可能性等很难量化的因素后,相比之下,很有可能最初的协议更为"有利"。同时,重整投资协议不同于动产出售协议等一次性协议,其合同内容复杂、跨越时间长,合同的解除以及再次签订必会导致债务人企业经营混乱或停滞,应在充分考虑行使解除权可能带来的"负面"影响后,再判断条件是否"有利"。

在上述观点基础上,以须藤律师的发言为线索,本人再次探讨违反公平诚信义务及勤勉义务的判断标准,主要包括但不限于以下几点:

第一,事先选任重整投资人的程序公平、公正,是限制解除权行使的要素。须藤报告中提到的"招募重整投资人建立实质性竞争""从投标人中确定重整投资人的程序不存在不当操作""就选任重整投资人程序须附第三方公正意见"等观点,均与程序的公平、公正有关。正如前文所述,有时很难判断实质上哪一方的条件更为有利,因而应以程序的公平、公正来担保协议内容的合理性。

第二,在个别案例中,签署重整投资协议的需求越高、防止企业价值下跌的紧迫性越强,就越有必要限制行使解除权。须藤报告中的"如果不事先选定重整投资人,容易引发企业经营恶化"的情况就和诱因有关。一般来说,行使解除权的本质在于个别案例中可以确保债务人资产最大化,但从宏观角度考虑,行使解除权又会影响交易的安全性。考虑到行使解除权对交易可能会产生的消极效果，本人更倾向于谨慎行使解除权。

第三，在重整投资协议内容中，围绕核心部分（相较于边缘部分）的内容，判断协议是否“有利”。须藤报告中指出的“投标条件中不应包含任何导致价格下跌的不当条件”“重整投资协议等内容不应包含对企业不利的内容（如单方面解除权）”等，虽然这些内容相较于经营出让金的金额、继承营业范围等内容，均属于附属性内容，但可以通过这些附属性部分推断核心部分实质上是否合理。

第四，与破产法上的解除权不同，对方不履行债务时，再生债务人或管理人可因债务不履行而行使解除权。须藤报告中提出的“重整投资人等应诚实履行协议，达成期待的效果”，广义上也可理解为如果发生债务不履行的情况，则应当解除协议。

最后补充一下，如上所述，判断不行使解除权是否违反公平诚信义务及勤勉义务，需要经过极其复杂的考虑，因此须藤报告中提出的各要件在不同的破产案例中有不同的比重。另外，也有必要充分认识到，有时应该重视须藤报告中提出的要件以外的其他因素（多数），不应只关注须藤报告中提出的要件，否则会导致判断标准僵化。

二、请求支付分手费的可能性

（一）问题所在

在破产程序启动前签订的重整投资协议若被解除，则要进行二次投标。如果债务人企业最终未能与最初交易方再次签订重整投资协议，那么在此情况下，考虑到最初交易方为防止债务人企业价值损毁所作出的贡献，应当由债务人企业向最初交易方支付一定费用，该笔费用即分手费。签订多个重整投资协议时，暂且不论是否能够将因解除协议而产生的损失分散在其对价之中，站在公平的角度，支付分手费所依据的实质性考虑本身是可以理解的，但关键问题是如何赋予其合理的法律依据，以及如何计算分手费金额？同时，如果最初的重整投资协议中规定了分手费的计算方式，在启动破产程序后，再生债务人或管理人是否受此约束也是问题。

（二）法律依据及金额计算

奠定分手费基础的法律依据可以考虑以下几点：

第一，根据《日本破产法》的规定，行使解除权会产生交易相对方的损害赔偿请求权（《日本民事再生法》第 49 条第 5 款、《日本公司更生法》第 61 条第 5 款、《日本破产法》第 60 条第 1 款）。应赔偿的损害不仅包括丧失信任利益产生的损害，还包括丧失履行利益产生的损害。据此，就可以要求赔偿等同于重整投资人与维持原协议理应获得的利益。原本计算履行利益就是基于多数不确定因素进行预估，因此很难准确计算。同时，损害赔偿请求权只能作为再生债权与更生债权对待，因此对最初交易方的保护程度算不上十分充分。

第二，将重点放在最初交易方对维持、再建企业经营的贡献上，债务人企业可以考虑将分手费作为赔偿金等（《日本民事再生法》第 91 条、《日本公司更生法》第 124 条），如果属于偿还事务处理费用或赔偿金，那么可以作为共益债权偿还（《日本民事再生法》第 119 条第 4 款、《日本公司更生法》第 127 条第 4 款）。如此一来，对最初交易方的保护便不存在欠缺。同时，2003 年修改《日本公司更生法》时，再生程序与更生程序都认可了赔偿金支付许可申请权，因此无须被动地等待法院行使职权。但应当注意几点：一是条文规定支付赔偿金的对象仅限于“再生债权人或代理委员或者上述人员的代理人”“更生债权人、股东或代理委员或者上述人员的代理人”，如果最初交易方不属于上述人员，则无法直接适用该条文。二是赔偿金的金额并非实际投入的全部费用或者维持的企业价值（免于损毁的额度），而是要根据贡献度以及债务人财产情况进行综合判断。因此，能否取得许可，以及如果取得许可，其金额是多少等问题，都缺乏可预测性。

第三，就进一步扩大范围而言，还有动产与不动产的先占特权(《日本民法典》第311条第5款、第321条、第325条第1款、第326条)。为了个别财产得以物理性、法律性保存，当财产所有人以外的人员投入了费用时，对投入费用的偿还请求权优先于一般债权。考虑到标的财产的保值，基于公平原则认可该权利。关于这一点，在思路上与分手费有相通之处。与上述动产和不动产的先占特权作比较，可以发现以下两个问题：一个问题是，分手费并非为了保护个别财产，其关注点在于维持很多有形、无形的财产有机结合起来形成的企业价值。就"企业价值保存"而言，现行法律体系中尚不存在对企业价值赋予优先权的制度(DIP融资中涉及的超级优先权的讨论便与此相关)。为解决这一问题，将截至重整投资协议解除的最初交易方支付的全部费用作为"共益费用"(《日本民法典》第306条第1款)，赋予其对债务人全部财产的优先权的一般先占权，也并非不可。然而，更生程序中却存在是构成共益债权还是构成优先更生债权的问题，但是哪些部分具有"共益"性等都不明确，缺乏可预测性。另一个问题是，分手费仅仅保障直接投入债务人财产的金钱额度是不够的。例如，重整投资人向再生债务人的客户实际保证了偿还供应商债权(但最终由再生债务人承担债务)，重整投资人并未直接支付金钱，实际上只是承担了那段时间的保证金。此外，提供技术以及职工的培训也存在同样的问题。如何评价对维持企业价值作出的贡献并将其换算成金钱价值也是一个难题。

(三)最初重整投资协议中对分手费的约定

即使最初的重整投资协议约定了分手费的计算方式，管理人和再生债务人也无须受计算方式的约束。问题是能否降低支付金额？正如前文所述，既然可以在启动破产程序后根据协议内容的优劣判断是否解除协议，那么对于分手费金额的计算方式，也可以在启动破产程序后再次商议。

结　语

应在何种情形支付分手费，其法律依据仍是难题。本人认为，在解除最初重整投资协议的问题上，不应以破产法上解除权的路径解决，而应通过双方谈判解决。谈判时确定分手费金额（同时获得法院许可）的做法较为可取。确定分手费金额时，既要考虑由于最初重整投资人履行协议而维持或增加的企业价值，也要考虑最初交易方投入的金钱、劳动力、技术等成本，还应考虑尽可能避免对后续重整投资协议的签订所带来的消极效果，以及支付分手费可能对债务人企业的存续带来过度的负面影响等问题。

本文只是指出了许多问题，却未能提出具体解决策略。期待随着实务经验的不断积累，法律在是否解除协议以及如何计算分手费金额方面建立适当的规则。

（陈景善、张江萍　审校）

预重整型制度术语表

日语	中文	英语
プレパッケージ	预重整	pre-package
チャンドラー法	《钱德勒法》	Chandler Act
会社更生手続き	公司更生程序	corporate reorganization
整理手続き	重整程序	arrangement
公的機関主導型	国家公权力机构主导型	—
関係人主導型	利害关系人主导型	—
和解	和解程序	composition
支払猶予	延缓支付	—
取立	回收	—
救済命令	救济令	order for relief
自動的停止	自动停止	automatic stay
連邦管財官	联邦财产管理人	united states trustee
調査委員	调查委员	examiner
否認	撤销	—
債権者委員会	债权人委员会	creditors' committee

续表

日语	中文	英语
情報開示書	信息披露书	disclosure statement
クラムダウン	强裁(强制批准)	cram down
適切な保護	适当保护	adequate protection
管財費用	管理费用	administrative expense
交渉	协商	bargain
プレパッケージド・プラン	预重整计划	pre-packaged plan
管理人(管財人)	管理人	administrator
レシーバーシップ	接管	receivership
会社管理	公司管理程序	administration
浮動担保権	浮动担保权	floating charge
会社任意整理	公司任意重整程序	company voluntary arrangement
レシーバー	管理人	receiver
管理レシーバー	管理受托人	administrative receiver
債務整理計画	债务重整计划草案	scheme of arrangement
承認	批准	approval
認可	批准	sanctioning
存続	存续	survival
清算手続き	清算程序	winding up
買取選択権付賃貸借	附回购请求权的租赁合同	hire-purchase
担保権	担保权	security
条件付売買	附条件买卖	condictional sale
動産リース	动产租赁	chattel leasing
所有権留保	所有权保留合同	retention of title
動産	动产	goods
取戻し	取回	repossess
法的手続き	法定程序	legal process

续表

日语	中文	英语
訴訟手続き	诉讼程序	proceedings
強制執行	强制执行	execution
差押え	扣押	distress
ファーストデイ・オーダー	应付款支付令	first-day-order
エクスチェンジオファー	互换报价	exchange offer
デュアルトラック	双轨制	dual track
ステアリングコミッティー	指导委员会	steering committee
ライドスルー	搭便车	ride-through
スーパープライオリティ	超级优先权	superpriority
プライミングリーエン	担保起诉留置权	priming lien
クロス・コラテラライゼーション	相抵担保	cross-collateralization
ロールアップ	以旧换新	roll-up
シンジケート・ローン	银团贷款	syndicate loan
繰越欠損金	结转亏损金	—
含み損	评估损	—
財産目録	财产清单	—
従業員	职工	—
ブレイクアップ・フィー	分手费	break-up fee
商取引債権	供应商债权	—
監査法人	审计法人	—
フェアネス・オピニオン	公平意见书	fairness opinion
ワラント	权证	warrant
エクイティ	股东权益	equity
コンバーチブルボンド	可转债新股预约权	convertible bond

图书在版编目(CIP)数据

预重整型事业再生 / 日本事业再生研究机构编 ; 陈景善, 张婷主编. -- 北京 : 法律出版社, 2024
ISBN 978-7-5197-7063-1

Ⅰ. ①预… Ⅱ. ①日… ②陈… ③张… Ⅲ. ①企业重组-企业法-研究-日本 Ⅳ. ①D931.322.9

中国版本图书馆 CIP 数据核字(2022)第 157664 号

预重整型事业再生
YUCHONGZHENGXING SHIYE ZAISHENG

日本事业再生研究机构 编
陈景善 张 婷 主编

策划编辑 刘晓萌
责任编辑 刘晓萌
装帧设计 李 瞻

出版发行 法律出版社
编辑统筹 法治与经济出版分社
责任校对 王 丰 郭艳萍
责任印制 吕亚莉
经　　销 新华书店

开本 710 毫米×1000 毫米 1/16
印张 14.25 **字数** 217 千
版本 2024 年 1 月第 1 版
印次 2024 年 1 月第 1 次印刷
印刷 北京虎彩文化传播有限公司

地址:北京市丰台区莲花池西里 7 号(100073)
网址:www.lawpress.com.cn
投稿邮箱:info@lawpress.com.cn
举报盗版邮箱:jbwq@lawpress.com.cn

销售电话:010-83938349
客服电话:010-83938350
咨询电话:010-63939796

书号:ISBN 978-7-5197-7063-1
定价:126.00 元

凡购买本社图书,如有印装错误,我社负责退换。电话:010-83938349